lonely planet

DE CERCA
TOKIO

Rebecca Milner y Winnie Tan

Sumario

Arriba: lirio, Meiji-jingû Gyoen (p. 105).
Abajo: Asakusa (p. 159).

Puesta a punto 4

Explora Tokio 37

Guía práctica 173

★ Imprescindible

Merece la pena

El viaje empieza aquí

Llevo más de la mitad de mi vida viviendo en Tokio y no dejo de sorprenderme, a veces a diario, con algo nuevo. Así es la alegría de vivir en una ciudad que se renueva y se reinventa constantemente; y es que no envejece nunca. Tokio tiene todo lo que se le puede pedir a una ciudad, y a mansalva: un oferta gastronómica cosmopolita, más cafés y bares de los que se pueden visitar en toda una vida, muchas zonas verdes y un fantástico sistema de transporte público que lo comunica todo. Es tal el nivel de comodidad que no me imagino viviendo en otro sitio. *Rebecca Milner*

Rebecca Milner

𝕏 *@tokyorebecca*

Rebecca escribe y edita desde su soleado apartamento de Tokio. Ha colaborado en más de 20 guías de Lonely Planet, incluidas varias ediciones de *Tokio* y *Japón*.

Winnie Tan

@weeniemon

Winnie se trasladó desde Kuala Lumpur, su ciudad natal, a Tokio hace 10 años y ahora escribe sobre la ciudad que adora, la cultura y el folclore japoneses. Y así lo plasma en su *podcast, Monogatari: Tales from Japan.*

Nezu-jinja (p. 154).

鈴木徽章工藝株式会社
無病息災
平成二十九年十一月吉日
鈴木正幸 順子
T・H会
有限会社 八重垣米菓
竹田旭
家内安全
杉本達夫 加代子
心願成就
加藤孝史 光代
釜めしやきとり 松好

LO MEJOR

Experiencias gastronómicas

Tokio tiene una oferta gastronómica superlativa completa, desde restaurantes de *sushi* de primera a garitos de fideos. A los tokiotas les encanta comer fuera; basta con imitarles y disfrutar de la variada oferta de sabores y experiencias de la ciudad.

Desayunar en el histórico **mercado de Tsukiji,** con puestos de comida y restaurantes especializados en *kaisen-don* (pescado crudo y arroz). (foto arriba izda.; p. 58)

Cenar y beber en una **'izakaya'** (taberna japonesa), donde el estrés del día se disuelve entre jocosas bromas. (p. 125)

Bajar al sótano de los grandes almacenes donde están los **'depachika',** clubes del *gourmet* repletos de postres y demás exquisiteces y comidas empaquetadas para regalo. (p. 94)

Probar las *yakitori* (brochetas a la brasa) y el ambiente retro en algún restaurante pequeño de **Omoide-yokochō,** que significa "calle del recuerdo". (foto arriba dcha.; p. 125)

Familiarizarse con los *wagashi,* dulces tradicionales, en **Toraya,** una confitería con solera con un salón de té en el Tokyo Midtown de Roppongi. (p. 76)

Dcha.: 'izakaya', Omoide-yokochô (p. 125).

埼玉屋
弐
Wi-Fi
PayPay
SPECIAL MENU
Special menu
THEE WOLF GANG
NOE 246

LO MEJOR

Al aire libre

Quizá Tokio sea más conocida por su fisonomía de hormigón y neones que por sus espacios verdes. Pero hay que conocer sus antiguos jardines y sus parques públicos, pensados para disfrutarlos todo el año.

Absorber el ambiente del **Meiji-jingū,** un santuario sintoísta en un curioso bosque urbano, con árboles de todo Japón. (p. 104)

Pasear junto al **río Meguro** en Naka-Meguro, donde se convierte en un canal, orillado por cerezos y *boutiques* elegantes. (p. 95)

Beberse un *matcha* verde con vistas a un precioso jardín ribereño y a la antigua casa de verano del sogunato, el **Hama-rikyū Onshi-teien.** (foto arriba izda.; p. 59)

Subirse a un **crucero** en Nihombashi para recorrer las vías navegables históricas –y a menudo pasadas por alto– de la ciudad. (p. 47)

Tumbarse en los prados, disfrutar de un pícnic o ver las sensacionales orquídeas en el invernadero del **Shinjuku-gyoen,** un verdadero refugio urbano. (foto arriba dcha.; p. 120)

Remar por el foso **Chidori-ga-fuchi** del Palacio Imperial, inigualable cuando florecen los cerezos. (p. 143)

Dcha.: cerezos en flor, Chidori-ga-fuchi (p. 143).

LO MEJOR

Compras

Tokio es un excelente destino de compras, con grandes almacenes antiguos, *boutiques* que crean tendencia y una trepidante pasarela urbana en la calle. Además, tiene una arraigada tradición artesanal y una pasión por el *monozukuri* ("arte de hacer cosas").

Callejear por las **Ura-Hara,** las calles traseras de Harajuku, en busca de *looks* rompedores y recuerdos únicos. (p. 111)

Salir a comprar (o a mirar) trapitos de marca por los grandes almacenes y sofisticados centros comerciales de **Ginza,** el barrio más elegante de Tokio. (p. 61)

Buscar piezas valiosas en las tiendas de segunda mano y *vintage* de **Shimo-Kitazawa,** un barrio residencial de casas bajas y popular enclave bohemio cerca de Shibuya. (foto arriba izda.; p. 93)

Conocer las últimas tendencias -o comprar productos de Nintendo y Pokémon- en el recién renovado **Shibuya Parco,** un centro de cultura y moda vanguardista en pleno Shibuya. (foto arriba dcha.; p. 94)

Desviarse hasta **Kuramae,** un barrio próximo a Asakusa donde muchos artesanos han instalado talleres y tiendas que venden objetos hechos a mano y únicos de Japón. (p. 168)

LO MEJOR

Vida nocturna

Tokio trabaja mucho pero también sabe divertirse, y sus bares se llenan a diario. Aunque tampoco hace falta salir de copas para disfrutar de la noche: los miradores abren hasta tarde.

Disfrutar de las vistas de la Tokio nocturna desde el nuevo **Shibuya Sky,** cuando las luces de la ciudad se pierden en el horizonte. (p. 90)

Brindar con artistas y viajeros en **Golden Gai,** un hervidero bohemio en Shinjuku. (p. 122)

Cantar a voz en cuello las canciones pop preferidas (o los clásicos de siempre) hasta la madrugada en un **karaoke.** (p. 93)

Ver iluminada la **Tokyo Tower** -símbolo muy querido de la ciudad- por la noche. (p. 76)

Pasar una gran noche en **Dōgenzaka,** el distrito noctámbulo por excelencia de Shibuya. (p. 95)

Bailar hasta agotarse en **Shinjuku Nichōme,** el "barrio gay" de Tokio, lleno de barecitos y clubes. (p. 125)

Vistas desde Shibuya Sky (p. 90).

LO MEJOR

Arte y diseño

Tokio ya es un destino de primer orden para arte y arquitectura contemporáneos, sobre todo arte digital. Su reputación no deja de crecer gracias a sus nuevos museos y edificios cada vez más innovadores.

Adentrarse en el mundo fluido y animado del arte digital inmersivo en **teamLab Borderless,** una de las atracciones más de moda de Tokio. (p. 70)

Aprender historia del arte japonés en el **Museo Nacional de Tokio,** la mejor colección de arte y cultura japoneses del mundo. (foto arriba izda.; p. 150)

Asistir a la última exposición taquillera en el **Museo de Arte Mori,** un espacio de arte contemporáneo que está en las alturas. (p. 72)

Embobarse con la nueva arquitectura, obra de destacados arquitectos japoneses, en el arbolado bulevar **Omotesandō.** (p. 109)

Visitar el **Museo Nezu,** que expone arte clásico japonés, coreano y chino en un edificio contemporáneo. (foto arriba dcha.; p. 107)

Reflexionar sobre el papel del diseño en la vida cotidiana en **21_21 Design Sight,** una institución cultural única en Tokyo Midtown. (p. 73)

Dcha.: Tokyu Plaza Omo-Hara, Omotesandô (p. 103).

LO MEJOR

Cultura tradicional

No hace falta ir a Kioto en tren bala para conocer la cultura tradicional japonesa. Se puede empezar con los santuarios sintoístas y templos budistas de Tokio, y con espectáculos clásicos como kabuki, sumo y *matsuri* (fiestas tradicionales).

Respirar el ambiente (y el incienso) del **Sensō-ji,** el templo más antiguo de Tokio, con más de 1000 años más que la ciudad. (p. 162)

Embelesarse con los **cerezos en flor** en Ueno, un lugar clásico para las *hanami* (fiestas para observar la belleza de las flores del cerezo) desde los tiempos del sogún. (foto arriba izda.; p. 155)

Ver un espectáculo en el **Kabuki-za,** el centenario teatro especializado en kabuki. (p. 56)

Asistir al ritual de esparcir sal y darse cachetes en la barriga en uno de los tres torneos anuales de sumo que se celebran en **Ryōgoku Kokugikan** o, durante todo el año, darse un festín de *chanko-nabe,* el calórico guiso que comen los *rikishi* (luchadores). (foto arriba dcha.; p. 168)

Viajar en el tiempo en una **fiesta tradicional,** con pasacalles, cánticos, disfraces y demás, tal y como se ha hecho durante siglos. (p. 169)

Dcha.: Sensô-ji (p. 162).

Akihabara (p. 139).

LO MEJOR

Cultura pop

La cultura pop japonesa ha cautivado al mundo durante generaciones: Godzilla, el Studio Ghibli, Hello Kitty, Pokémon... En Tokio se verá todo lo visto en las pantallas, pero en 3D.

El emblemático **cruce de Shibuya** ya se ha visto en películas, videojuegos y redes sociales, pero ahora toca verlo en la vida real. (p. 86)

Explorar **Akihabara,** el centro de la subcultura *otaku* (friki), con sus tiendas de electrónica con neones, cafés *cosplay* y grandes tiendas de *anime* y manga. (p. 139)

Descubrir las tendencias, pasadas y presentes, en la emblemática calle comercial de Harajuku, **Takeshita-dōri.** (p. 109)

Conocer el mundo mágico del genio de la animación, y reciente ganador de un Óscar, Miyazaki Hayao, en el **Museo Ghibli, Mitaka.** (p. 132)

Dirigirse a **Nakano Broadway,** un fascinante centro comercial *vintage* lleno de tiendas de subcultura, como el Mandarake Complex. (p. 121)

Volver a ser un niño en **Kiddy Land,** la juguetería más famosa de Tokio, con todos los personajes favoritos, desde Hello Kitty a Super Mario. (p. 103)

LO MEJOR

Tokio histórica

Antes de que Tokio se convirtiera en Tokio era Edo, la capital del sogún. Aún quedan vestigios de esa ciudad más antigua, pero también reliquias de los 400 años de historia fascinante de la ciudad.

Visitar el **Palacio Imperial,** donde estaba el Edo-jō –el castillo del sogún–, para ver sus murallas de piedra, torres de vigilancia y fosos. (p. 44)

Cruzar el **Nihonbashi,** el puente más famoso de Tokio, custodiado por leones de bronce y alados *kirin* (míticos 'dragones'), y el centro oficial de la ciudad. (foto arriba izda.; p. 47)

Absorber las vistas, sonidos y olores en el **Ameya-yokochō,** un mercado de mediados del s. xx. (foto arriba dcha.; p. 152)

Descubrir **Yanaka,** el insólito barrio de Tokio donde predominan los edificios tradicionales de madera de principios del siglo pasado. (p. 148)

Conocer la vida en la antigua Edo en el **Museo Edo-Tokio,** excelente museo de historia local, que reabrirá en el 2025 tras unas reformas. (p. 169)

Pasear por las antiguas calles adoquinadas de **Azabu-jūban,** un barrio que es como un pueblo cerca de Roppongi. (p. 75)

THE ASAHI SHIMBUN VIA GETTY IMAGES ©

Yomiuri Giants, Tokyo Dome (p. 140).

LO MEJOR

Experiencias locales

Hay que conocer Tokio desde una perspectiva local yendo a los lugares que gustan a los tokiotas o participando en actividades de ocio, como ir a un mercado o a un partido de béisbol.

Ver los *food trucks*, productos *gourmet*, eventos especiales y buen ambiente del **Farmers Market @UNU** de fin de semana en Aoyama. (p. 110)

Animar a los Yomiuri Giants, uno de los dos equipos de béisbol de Tokio -y el más laureado- en el **Tokyo Dome,** o "gran huevo". (p. 140)

Ojear en las librerías de viejo en **Jimbōchō,** donde han ido generaciones de estudiantes, y en sus cafés y tiendas de curris. (p. 142)

Visitar un *sentō* (casa de baños), como el **Shimizu-yu** en Aoyama, para un largo remojón, ideal tras un día de turismo o como paso del día a la noche. (p. 111)

Unirse a los tokiotas de lo más variopintos -como el grupo de engominados retro que bailan alrededor de un estéreo portátil- en el parque público **Yoyogi-kōen** de Harajuku. (p. 109)

Lo mejor para niños

Dejar que los niños más mayores tomen la iniciativa en el alucinante **teamLab Borderless,** y no perderse la Sketch Factory, que triunfa entre los críos. (p. 70)

Enseñarles aquellos juegos que entusiasmaron al viajero en los salones recreativos de **Akihabara,** muchos de ellos con máquinas *vintage* para jugar como Mario Kart y Street Fighter. (p. 139)

Dejar que los más peques se desahoguen en el extenso **Yoyogi-kōen,** un parque frecuentado por familias locales. (p. 109)

Llevar a los preadolescentes y adolescentes a **Takeshita-dōri** para que prueben lo último en comida callejera y compren algún artículo de moda para impresionar a sus colegas. (p. 109)

Planear una salida al **Museo Ghibli, Mitaka,** que sin duda entusiasmará y que se reserva un regalo especial para los menores de 12 años. (p. 132)

Lo mejor gratis

Explorar el **Sensō-ji,** una de las principales atracciones de Tokio, que además es gratis, como la mayoría de templos y santuarios de la ciudad. (p. 162)

Ahorrarse la entrada a otros miradores y disfrutar gratis de las vistas -de día o de noche- desde lo alto del **edificio del Gobierno Metropolitano de Tokio** en Shinjuku. (p. 125)

Tantear la oferta artística en **Complex 665,** un conjunto de galerías contemporáneas a escasos pasos del Museo de Arte Mori. (p. 75)

Visitar el **Jardín Oriental** del Palacio Imperial -gratis, no como el resto de jardines-, donde destacan las ruinas de un antiguo torreón del castillo. (p. 47)

Disfrutar de la energía frenética del **cruce de Shibuya,** una atracción turística inesperada, hoy símbolo de la ciudad. (p. 86)

Tres días perfectos

Se necesitaría toda una vida para hacerle justicia a Tokio, pero si se planifica se puede ver mucho en poco tiempo. Ahí es donde entran en juego estos itinerarios.

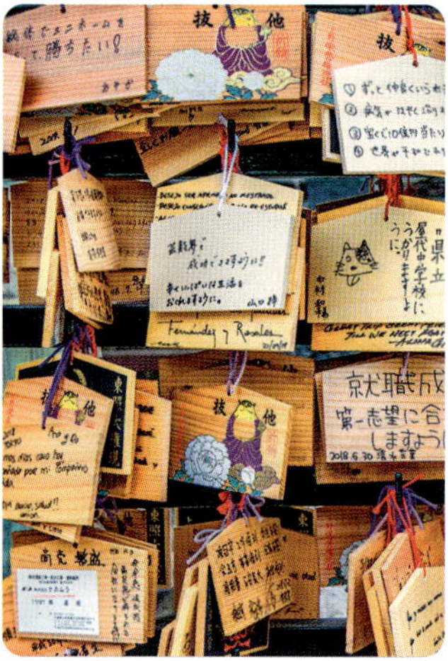

Tablillas de madera con deseos, Ueno-kôen (p. 154).

PRIMER DÍA

Si solo se dispone de un día

MAÑANA

Visitar (mejor a primera hora) el **Meiji-jingū** (p. 104), una de las principales atracciones. Y después ir al famoso distrito de la moda **Harajuku** (p. 102), donde también hay excelentes cafés y lugares para comer.

TARDE

Recorrer las atracciones del lado oeste en Shibuya, como el **cruce de Shibuya** (en la foto; p. 86). Disfrutar de las vistas del barrio desde el **Shibuya Sky,** el nuevo punto de referencia (p. 90).

NOCHE

Shinjuku es uno de los principales distritos de Tokio pero también su mayor barrio de ocio. Visitar la calleja de bares y restaurantes retro de **Omoide-yokochō** (p. 125) para unas *yakitori* (brochetas a la brasa), y **Golden Gai** (p. 122) por sus barecitos bohemios.

SEGUNDO DÍA

Un fin de semana

MAÑANA

Madrugar para visitar el **mercado de Tsukiji** (p. 58) compensa, y mucho; conviene llegar pronto para improvisar un desayuno a base de pescado de los vendedores del mercado. Y bajarlo con un plácido paseo por el jardín **Hama-rikyū Onshi-teien** (p. 59).

TARDE

Dirigirse al exclusivo **Ginza** para disfrutar del kabuki –el género teatral por antonomasia de Japón– en el histórico teatro **Kabuki-za** (en la foto; p. 56). En Ginza también hay grandes almacenes antiguos, salones de postres y *kissaten* (cafés *vintage* de principios del s. XX; p. 61).

NOCHE

Encaminarse hasta el cercano **Nihombashi** para disfrutar de restaurantes históricos (p. 50) y elegantes bares de hotel; un bonito colofón al día.

TERCER DÍA

Una escapada

MAÑANA

Conocer la Tokio tradicional en Ueno, el centro de la zona este donde está el **Ueno-kōen** (p. 154), con el Museo Nacional de Tokio e históricos santuarios y templos, unidos por senderos.

TARDE

Desde aquí, se puede seguir con el paseo por el encantador **Yanaka** (p. 148), un barrio conocido por sus calles intactas de principios del s. XX (y por sus gatos tomando el sol).

NOCHE

Cuando cae el sol, hay que ir a **Asakusa** (p. 159) para ver el señorial y antiguo templo **Sensō-ji** (en la foto; p. 162). Está más tranquilo (e iluminado) al atardecer. Se podría cenar un *chanko-nabe*, el guiso que gusta a los luchadores de sumo, en el cercano **Ryōgoku Kokugikan** (p. 168).

Con más tiempo

Se puede ir más allá de las atracciones principales que ofrece la capital de Japón. En Tokio hay muchos barrios interesantes donde dejar de lado el turismo y lanzarse a improvisar. Los aficionados a la cultura pop japonesa –*anime,* manga y videojuegos– seguro que ya tenían pensado acercarse a **Akihabara** (p. 139); aun siendo un profano en la materia, vale la pena visitar este famoso barrio.

También se puede ir al oeste de Shinjuku hasta los barrios de la línea JR Chūō, cada uno con su idiosincrasia. **Nakano** (p. 128) es un hervidero de subcultura con una galería comercial retro, y **Kōenji** (p. 128) es el epicentro contracultural de tiendas de segunda mano. Que nadie vaya antes del mediodía porque se animan tarde. Lo mismo pasa con el núcleo de tiendas de segunda mano de **Shimo-Kitazawa** (p. 93), y con los barrios modernos de **Daikanyama** y **Naka-Meguro** (p. 84; los tres a poca distancia de Shibuya).

Nakano Broadway (p. 121).

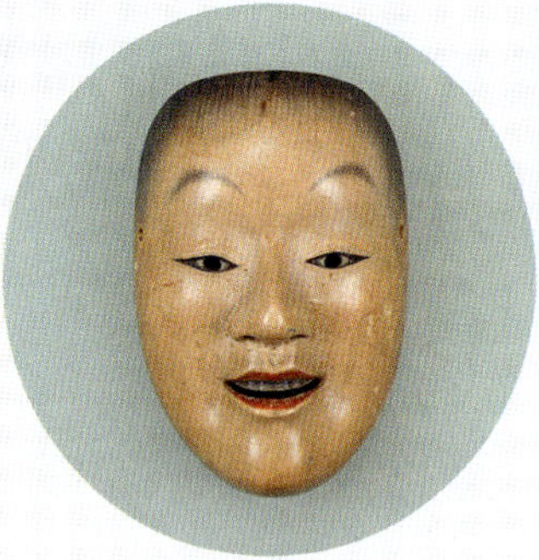

Una excursión

Vale la pena desviarse hacia el **Museo Ghibli, Mitaka** (p. 132). Miyazaki Hayao, el genio de la animación, lo diseñó en persona y está lleno de referencias a sus películas del Studio Ghibli (en la foto: un fotograma de *Arrietty y el mundo de los diminutos* del 2010). Está en Mitaka, uno de los barrios residenciales del oeste de Tokio y a 20 min en tren de Shinjuku. La entrada hay que comprarla con antelación, y se agotan rápido. El museo está situado en el parque **Inokashira-kōen** (p. 133), uno de los mejores de Tokio, que se puede atravesar al ir o volver del museo.

En un día de lluvia

Si llueve, en Tokio hay muchos museos donde refugiarse. Fácilmente se pueden pasar horas en el **Museo Nacional de Tokio** (en la foto; p. 150), la mayor colección de arte japonés del mundo. Para algo más actual, se puede consultar qué hay en el **Museo de Arte Mori** (p. 72) o ir a **teamLab Borderless** (p. 70), en Azabudai Hills, pero hay que comprar la entrada con antelación.

Otra opción sería pasar el día (o la noche) remojándose en el **Spa LaQua** (p. 140), el mayor balneario de Tokio, en pleno centro. Sin olvidarse del **karaoke** (p. 93), otra actividad a prueba de lluvia y 100% tokiota.

Prepararse

ANTES DE PARTIR

Dos meses antes
Reservar entradas para los lugares populares, como teamLab Borderless y el Museo Ghibli, Mitaka, y mesas en los restaurantes más solicitados.

Un mes antes
Buscar en internet los circuitos, exposiciones, festivales o eventos venideros.

Una semana antes
Cuando el plan ya esté más claro, reservar en los otros restaurantes, sobre todo los viernes y sábados por la noche.

Costumbres

Con lo densamente poblada que está Tokio, se requiere un alto grado de educación para que todo funcione. Hacer cola es importante, como lo es pasar desapercibido en espacios públicos: es mejor abstenerse de hablar alto en el metro o llevar maletas grandes en el tren en horas punta; tampoco está bien visto comer en público, salvo en lugares donde hay vendedores de comida, como en festivales y mercados.

Qué llevar

Vestir con comodidad porque se va a caminar mucho. Los tokiotas visten con elegancia pero nunca con ostentación. Solo en los restaurantes y bares de mayor categoría hay una etiqueta de vestimenta, que se reduce a que los hombres no lleven camisas sin mangas ni sandalias. No hay código de vestimenta en templos budistas y santuarios sintoístas. Se recomienda llevar calzado sin cordones porque quizá hay que quitárselo y ponérselo a menudo.

Conviene saber

Lunes Cierran casi todos los museos (o el martes posterior si el lunes ha sido festivo).

Almuerzo Los tokiotas saben darse un capricho al mediodía cuando los restaurantes caros ofrecen menús a mejor precio (sin escatimar en calidad).

Cazaclientes Ignorar a los desconocidos que quieren llevarle a uno a ciertos bares y discotecas, para no acabar pagando más de la cuenta.

Descalzarse Hay que hacerlo en algunos restaurantes y tabernas al entrar. Nunca hay que pisar calzado un tatami.

Escaleras mecánicas Colocarse a la izquierda.

PROPINAS

En Japón no se deja propina, ni se espera –salvo en los casos de los guías turísticos–. No obstante, muchos bares y restaurantes sí que añaden un suplemento por el servicio en la cuenta. Este puede ser en forma de *otoshi*, un aperitivo o tentempié que se añade al precio del cubierto (300-1000 ¥, según el nivel del establecimiento). Los restaurantes y bares de categoría (como los de los hoteles de lujo) suelen añadir un 10-15% por el servicio.

PRESUPUESTO DIARIO

Económico Menos de 15 000 ¥

- Cama en dormitorio colectivo: **5000 ¥**
- Atracciones gratuitas, como templos y mercados.
- Tazón de fideos: **1200 ¥**
- Copa durante la *happy-hour:* **800 ¥**
- Abono metro 24 h: **600 ¥**

Medio Entre 15 000-30 000 ¥

- Habitación doble en un hotel de negocios: **20 000 ¥**
- Entrada a museo: **1000 ¥**
- Cena para dos personas con bebidas en una *izakaya* (taberna japonesa): **10 000 ¥**
- Un buen cóctel: **2000¥**

Alto Más de 30 000 ¥

- Habitación doble en un cuatro estrellas: desde **40 000 ¥**
- Curso de cocina: **10 000 ¥**
- Menú degustación por persona: **30 000 ¥**
- Taxi de vuelta al hotel: **4000 ¥**

Moneda
Yen japonés (¥)

Idioma
Japonés

Hora local
Hora de Japón (GMT/UTC + 9 h)

DINERO

Aunque ahora las tarjetas de crédito se aceptan en muchos sitios, aún quedan pequeños comercios donde manda el dinero en efectivo. Por suerte, los omnipresentes supermercados tienen cajeros automáticos que funcionan con tarjetas extranjeras.

ATIWAT WITTHAYANURUT/SHUTTERSTOCK ©

Cuándo ir

Cualquier época es buena para visitar Tokio. Cada estación tiene sus encantos.

Primavera es la época que recibe más visitas, seguida de otoño. Es cuando el tiempo es más agradable, con días cálidos, en su mayoría soleados, y noches frescas (aunque en abril puede hacer frío).

En junio llegan las lluvias, que pueden durar hasta finales de julio; la lluvia (¡y el viento!) también pueden ser un engorro cuando aparecen los tifones en septiembre y octubre. Agosto es caluroso y húmedo, y eso incomoda a algunos visitantes. El invierno, cuando hay menos visitantes, es frío pero raras veces gélido, con cielos normalmente despejados.

Grandes eventos

Enero **Hatsu-mōde,** la primera visita al santuario del año nuevo, se hace el 1 de enero. El Meiji-jingū es el destino más popular, y atrae a tres millones de visitantes los primeros días del año.

Abril Finales de marzo o principios de abril trae la **floración de los cerezos** (dura solo una o dos semanas) y los tokiotas lo celebran a lo grande con fiestas *(hanami)* bajo los árboles en los parques y junto a las riberas.

Mayo El mayor *matsuri* (festival tradicional) es el **Sanja Matsuri** (p. 169) en Asakusa, con pasacalles de *mikoshi* (santuarios portátiles) llevados por hombres con chaquetas cortas y *fundoshi* (taparrabos de los luchadores de sumo), y más de un millón de asistentes.

Julio Verano es la estación de los fuegos artificiales, entre ellos, el **Festival de Fuegos Artificiales de Sumidagawa,** con 20 000 maravillas pirotécnicas que explotan sobre la principal vía fluvial de la ciudad.

Clima

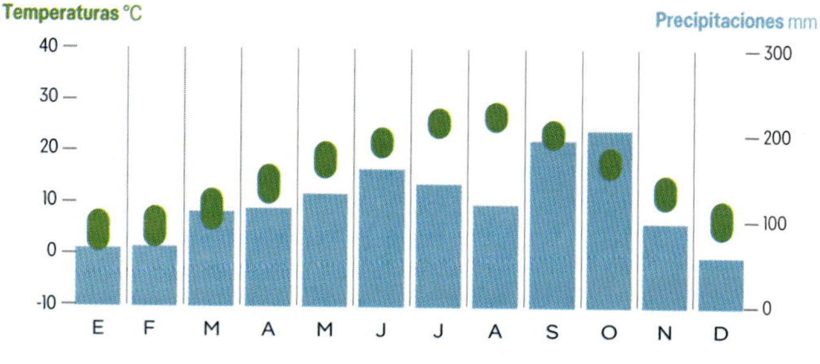

Sanja Matsuri (p. 169).

Agosto El **Kōenji Awa Odori** es la mayor fiesta de baile tradicional al aire libre de Tokio. Más de 10 000 participantes con kimonos y puntiagudos sombreros de paja toman las calles para ejecutar bailes folclóricos acompañados por músicos.

Eventos artísticos y de cultura pop

Marzo **Anime Japan** tiene eventos y exposiciones para profesionales y fans, pero es más famoso por atraer a los mejores *cosplayers* de Japón (y del mundo).

Mayo y noviembre **Design Festa,** organizada por la galería homónima de Harajuku, es una curiosa feria de arte con *performances* y miles de expositores.

Septiembre Espectáculos deslumbrantes e instalaciones colosales ocupan las calles y complejos comerciales de Roppongi durante la **Roppongi Art Night** (p. 77).

En el **Tokyo Game Show** se presentan las últimas novedades en juegos, consolas y tecnologías del ocio. También hay eventos divertidos como la gira profesional de Street Fighter.

CONSEJOS SOBRE ALOJAMIENTO

La ocupación es mayor durante los fines de semana y las épocas festivas, como la **Golden Week** (fin abr-ppios may) y el Año Nuevo. Los albergues y pensiones tradicionales suelen tener precios fijos, pero en otros alojamientos los precios fluctúan mucho. Siempre se aconseja reservar con antelación.

Cómo llegar

El aeropuerto de Narita, en la prefectura de Chiba, es la entrada principal a Tokio, donde aterrizan la mayoría de vuelos de bajo coste. Cada vez hay más líneas internacionales que vuelan hasta el aeropuerto de Haneda, cerca de la bahía de Tokio y más próximo al centro urbano.

Del aeropuerto de Narita al centro urbano

En tren

Dos líneas comunican el aeropuerto de Narita con el centro de Tokio. El JR Narita Express (N'EX) está bien para ir a los distritos del oeste; se tardan 75-90 min y cuesta 3000 ¥.

El Keisei Skyliner va al este de Tokio en menos de 1 h por 2500 ¥. Se puede viajar por menos en trenes locales pero son más lentos. Al llegar a cualquier estación, se puede seguir el viaje con la línea JR Yamanote, el metro o un taxi.

En el aeropuerto de Narita, las estaciones de tren están en los sótanos de las terminales 1 y 2; si se viene de la 3, se puede caminar o tomar la lanzadera gratis de enlace hasta la terminal 2. En los quioscos y máquinas automáticas venden los billetes.

En autobús

De todas las terminales del aeropuerto de Narita salen autobuses al centro de Tokio. El trayecto dura 1½ h (aprox.), según el tráfico. Una butaca reservada en un autobús limusina cuesta 3000 ¥; el billete se puede comprar antes en el aeropuerto o en línea. También hay autobuses más económicos (1000 ¥) y se paga al subir, pero van a menos sitios y tienen restricciones de equipaje más estrictas.

En taxi

Un taxi con tarifa plana al centro de Tokio cuesta 25 000-30 000 ¥ (según destino). Se paran en la acera.

Del aeropuerto de Haneda al centro urbano

Todos los vuelos que vienen del extranjero aterrizan en la terminal internacional de Haneda, desde donde se puede tomar el Keikyū Airport Express hasta Shinagawa (410 ¥, 12 min) o el Tokyo Monorail hasta Hamamatsuchō (490 ¥, 15 min).

Desde Haneda, el precio de los taxis es más razonable (6000-8000 ¥ según destino). Si se llega a medianoche ya no hay trenes pero sí autobuses. Los taxis por la noche aplican un recargo del 20% entre 22.00 y 5.00 (lo mismo pasa en Narita). Aceptan tarjetas de crédito.

Cómo desplazarse

El sistema del transporte público de Tokio es la envidia del mundo: es limpio, fiable, económico y (normalmente) seguro. Con la red ferroviaria, multilingüe y de fácil orientación, se puede ir casi a cualquier sitio. Hay muchos taxis pero son caros. Y tomar una bici se reserva a los más valientes.

Tren y metro

La red ferroviaria de Tokio, que incluye el tren y el metro, funciona de 5.00 a 24.00. Seguramente la que más se utilizará será la elevada línea JR Yamanote, que traza una ruta circular alrededor del centro urbano, con paradas en puntos axiales como Shinjuku, Shibuya, Shinagawa, Akihabara y Ueno. La línea JR Chūō atraviesa el centro de este a oeste, conectando Shinjuku con la estación de Tokio. Además, hay un sinfín de líneas privadas de cercanías.

Taxis y vehículos compartidos

Los taxis son el único transporte público que funciona toda la noche. Hay paradas en las estaciones de trenes y hoteles grandes; aunque también se pueden parar en la calle. Un taxi con luz roja está libre, y con luz verde, ocupado.

Tokio regula de forma estricta las *apps* de vehículos compartidos. Solo se pueden utilizar para llamar a taxis con licencia (a precios normales) y a coches más lujosos y caros.

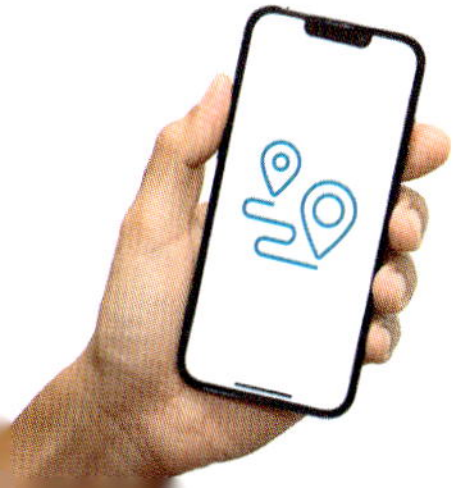

DESDE LA IZDA.: HAND-ROBOT/GETTY IMAGES ©, BGSTOCK72/SHUTTERSTOCK ©

'APP' ESENCIAL

Japan Transit Planner, la versión en inglés de una popular *app* japonesa, crea rutas de transporte público y tiene planos útiles.

A pie

Caminar es una forma fabulosa de desplazarse. En el centro, entre dos estaciones de metro no hay más de 10 min a pie. Solo conviene tener en cuenta que hay pocas aceras fuera de los epicentros más importantes y que en Tokio hay cuestas.

Bicicleta

Hay diferentes sistemas de alquiler de bicicletas públicas y todos requieren crearse una cuenta antes. Docomo Cycle tiene la red más grande e instrucciones en inglés en línea. Estas (y casi todas las de alquiler en Tokio) son bicicletas eléctricas. Algunos albergues y pensiones prestan bicis (convencionales) a sus clientes.

Moverse en bicicleta por Tokio puede ser un poco intenso con el tráfico. Además, hay que aparcarla en los lugares designados para que no se la lleve la grúa.

Autobús

Tokio cuenta con una vasta red de autobuses, pero no es tan práctica como el metro ni tan fácil de orientarse.

Información práctica

Tarjetas recargables

Aunque todavía se pueden comprar billetes de papel, es mucho más fácil usar una tarjeta de prepago. Las hay de dos tipos: Suica (en venta en las estaciones de JR) y Pasmo (en venta en las estaciones de metro y de líneas de cercanías). Ambas funcionan en todas las líneas de trenes, metro y autobuses de Tokio (y en muchas líneas de cercanías). También se pueden utilizar para pagar taxis y comprar bebidas en una máquina de *vending,* entre otras cosas.

Se venden y se pueden recargar en las máquinas automáticas de las estaciones de trenes y metro. Se exige un depósito de 500 ¥, que se recupera (junto con el saldo sobrante) cuando se devuelve en el mostrador correspondiente de la estación (p. ej. la Suica en una estación de JR). En cualquier aeropuerto, hay que buscar la tarjeta con descuento "Welcome Suica" reservada a los turistas extranjeros, para la que no se necesita dejar depósito (y así uno puede quedársela de recuerdo).

Transbordos

La red ferroviaria de Tokio está gestionada por muchos operadores y eso puede confundir en los transbordos. Están el JR, dos operadores de metro (Tokyo Metro y Toei), más las compañías de trenes de cercanías. El transbordo entre líneas del mismo operador es directo. Si se cambia de operador se tendrá que salir y volver a entrar por puertas diferentes, y quizá andar un poco; también se tendrá que pagar a ambos operadores.

Abono de 24 h

Los billetes de 24 h salen a cuenta según lo que uno planee hacer en un día. Pero hay que leerse bien la letra pequeña: el más económico (600 ¥) solo es válido para las líneas de Tokyo Metro. Los billetes se venden en las máquinas automáticas, o en los quioscos de algunas estaciones.

PRECIOS

Abono de 24 h de Tokyo Metro
600 ¥

Taxi
500 ¥ para el primer kilómetro

Docomo Cycle
1650 ¥ al día

ENCONTRAR LA SALIDA CORRECTA

En las estaciones de trenes hay muchas salidas y conviene fijarse bien en cuál es la correcta. Los planos en las estaciones ayudan mucho.

BILLETES

Las tarifas de los billetes sencillos se calculan en función de la distancia recorrida.

Tipo de billete	Ideal para	Precio
Billete sencillo dentro de Tokio	Viaje de solo ida en JR, Tokyo Metro o líneas de Toei	140-330 ¥
Billete de 24 h Tokyo Metro	Viajes ilimitados en las líneas de Tokyo Metro	600 ¥
Billete combinado de Tokio de 24 h	Viajes ilimitados en el Tokyo Metro, las líneas de metro Toei y las líneas JR en Tokio	1600 ¥

Otra cara de Tokio

Tokio está llena de grandes atracciones, pero casi todo su encanto reside en los detalles. Así es que nadie se olvide de mirar hacia arriba, hacia abajo... y bajo tierra.

Ciudades-estación

La zona metropolitana de Tokio es una de la más grandes del mundo, y eso solo teniendo en cuenta lo que hay sobre la superficie. Debajo de algunas estaciones de trenes más grandes, como la **estación de Shinjuku** (p. 129), la más transitada del mundo en cuanto a número de pasajeros diarios, y la **estación de Tokio** (p. 42), la estación central y terminal del tren bala, hay 'ciudades' subterráneas con establecimientos de todo tipo para comer, beber y comprar. Por ejemplo, en la Tokyo Station City se puede comer algo caliente en la **Tokyo Ramen Street** (p. 43) o comprar recuerdos en la **Tokyo Character Street** (p. 43).

Godzilla anda suelto

Godzilla ha destruido Tokio muchas veces en el cine y ahora amenaza con hacerlo desde muchos sitios de la ciudad. El más reciente –y mayor atracción turística– es la enorme **cabeza de Godzilla** en Kabukichō (Shinjuku), listo para acabar con el edificio Toho. También está la escultura **Shin-Godzilla** junto a los cines Toho en Hibiya (Toho es la productora cinematográfica de la franquicia de Godzilla). Los fans acérrimos ya sabrán que **Shinagawa** fue donde Godzilla apareció por primera vez, y hay algunos huevos por la zona.

Puertas señalizadas de las calles comerciales

Quienes visitan Tokio no tardan en darse cuenta de que hay pocas calles con nombres. Las que sí lo tienen son vías principales o calles de mercados peatonales que están señalizadas por puertas –no muy distintas a las *torii* (puertas de los santuarios)–, pero con el nombre de la calle en letras de colores. La mayoría son de mediados del s. xx y son un ejemplo clásico de la arquitectura vernácula de Tokio, como la de **Takeshita-dōri** (p. 109) en Harajuku y la de **Ameya-yokochō** (p. 152) en Ueno.

Aseos de diseño

Quizá se hayan visto en las redes sociales o en la última película de Wim Wenders, *Perfect Days* (2023): los lavabos de diseño de Tokio están de moda entre los turistas. En el 2020, algunos de los mejores arquitectos y diseñadores

DEREKTEO/SHUTTERSTOCK ©

Cabeza de Godzilla, Kabukichô.

LUCAS VALLECILLOS/ALAMY STOCK PHOTO ©

Estación de Shinjuku (p. 129).

Azaleas, Nezu-jinja (p. 154).

Aoyama Flower Market Green House (p. 112).

de Japón transformaron 20 lavabos públicos en una iniciativa llamada Tokyo Toilet Project. Todos están en el distrito electoral de Shibuya, que incluye Shibuya, Harajuku y Ebisu. El más popular está cerca del **Yoyogi-kōen** (p. 109), junto a la estación de metro Yoyogi-kōen. Diseñados por Shigeru Ban, los lavabos son transparentes pero cuando uno entra y cierra la puerta, el cubículo se vuelve opaco.

Cafés 'vintage'

En Tokio hay muchos cafés de tercera ola y magníficos micro tostadores, pero la cultura cafetera de la ciudad viene de más atrás. Las primeras cafeterías, las *kissaten* (喫茶店), abrieron a principios del s. xx, introduciendo la cultura del café en un país recién abierto a Occidente. Aún quedan cafeterías *vintage* de maderas nobles, con mesas bajas y sillas o bancos corridos. En Ginza hay algunas, como el **Cafe Paulista** (p. 61), el más antiguo de Tokio, pero también en **Jimbōchō** (p. 142), el distrito de las librerías de viejo.

No solo florecen los cerezos

Aunque los cerezos en flor acaparan el protagonismo, no son la única atracción natural de Tokio. Un mes antes, las flores rosas aparecen en las ramas de los ciruelos en parques como el **Yoyogi-kōen** (p. 109). Avanzada la primavera, se verán espectaculares azaleas en el **Nezu-jinja** (p. 154) y lirios de colores en el **Meiji-jingū Gyoen** (p. 105). Incluso en la estación lluviosa aparecen las hortensias en toda la ciudad. A finales de noviembre y principios de diciembre, los árboles cambian de color durante la *kōyō* (estación del follaje otoñal), otra buena excusa para visitar los jardines. Vale la pena deleitarse con los arces rojos en **Koishikawa Kōrakuen** (p. 138) y en el **Hama-rikyū Onshi-teien** (p. 59). Mientras tanto, el árbol oficial de Tokio, el *ginkgo*, adquiere un color dorado; se pueden ver en la **Ginkgo Avenue** (p. 112).

FUERA DE RUTA

- Fisgonear en el gabinete de curiosidades que es **Interme-diatheque** (p. 48), una de las atracciones más extravagantes de Tokio (¡y además, gratuita!).
- Visitar el santuario característico de Akihabara, **Kanda Myōjin** (p. 142), que luce *omamori* (amuletos) que protegen los dispositivos electrónicos y *ema* (tablillas de los deseos) decoradas con personajes de *anime*.
- Entrar a una floristería para descubrir el salón de té mágico **Aoyama Flower Market Green House** (p. 112).
- Comprar artesanía en **2k540 Aki-Oka Artisan** (p. 143), bajo las vías elevadas de la línea JR Yamanote.
- Admirar el **Museo Art Aquarium** (p. 62), donde las carpas doradas son las protagonistas.

パチスロ
モンスターハンター～狂竜戦線～
買取り
まっくす
アキバ駅前店
HOBBY PARADISE
ボークス
LAOX
Duty Free
Flagship Store
免税
면세점
LAOX
Home Electronics Store
Panasonic
ONODEN
免税
TAX FREE
都内・近郊
送料無料
one+

Explora Tokio

Merece la pena

Circuitos a pie

Akihabara (p. 139).
SEAN PAVONE/GETTY IMAGES ©

Sugerencias de lugares para comer, beber y comprar en **p. 50**

Explora Marunouchi y Nihombashi

En Marunouchi está la gran estación de Tokio –el corazón urbano, con su propia ciudad subterránea–, rodeada por los bloques de oficinas del principal distrito financiero. A poca distancia, sobre los cimientos del antiguo castillo de Edo, está el Palacio Imperial, con sus extensos jardines, un refugio verde que se agradece entre los relucientes edificios de cristal. En el período Edo, Nihombashi era donde convergían todos los caminos –en el centro de un puente de madera que se llamaba como el barrio–. En Nihombashi, centro neurálgico del comercio y las artes en siglos pasados, están los grandes almacenes históricos y los museos alojados en edificios de estilo occidental clásico.

Cómo desplazarse

Tren

La línea JR Chūō pasa por la estación de Tokio.

Metro

La línea Marunouchi es la única que para en la estación de Tokio, aunque Ōtemachi también está cerca. Como hay tantas salidas y pasillos que comunican las estaciones de metro con la estación de Tokio, se aconseja mirar los planos expuestos. Para ir a Nihombashi, bajar en las estaciones de Nihombashi y Mitsukoshimae.

A pie

Se puede ir de un barrio a otro a pie (están cerca). Si llueve, se puede ir por el complejo comercial subterráneo Yaesu Chikagai (Yaechika).

Nihonbashi (p. 47).
KENSOFTTH/SHUTTERSTOCK ©

★

LO MEJOR

Visitar con un guía el **PALACIO IMPERIAL** (p. 44).

Transitar por la **ESTACIÓN DE TOKIO** (p. 42).

Sorprenderse en el museo **INTERMEDIATHEQUE** (p. 48).

Pasear por el **JARDÍN ORIENTAL DEL PALACIO IMPERIAL** (p. 47).

Caminar por **NIHONBASHI** (p. 47).

CIRCUITO A PIE

Deambular por Nihombashi

Basta con un paseo sin prisas por la tarde para ver los lugares de interés importantes de Nihombashi, todos muy próximos. Se pueden contemplar algunos edificios de estilo occidental icónicos de los ss. XIX y XX, comprar bonitos artículos en unos grandes almacenes históricos, y sentir la historia de Japón en un barrio que aúna historia y modernidad.

INICIO	FINAL	DURACIÓN
Oficina central del Banco de Japón	Nihonbashi	2 km; 2 h

1 Diseño occidental

Primera parada: la **oficina central del Banco de Japón,** un imponente edificio de estilo occidental y tejado verde, obra de Kingo Tatsuno, autor también de la estación de Tokio. El tercer miércoles de cada mes, se ofrece una visita guiada en inglés con reserva previa en línea. Después se puede bajar por Nichigin-dōri, con el banco a un lado y el neoclásico **Mitsui Main Building** al otro. Ambos forman parte del patrimonio cultural.

2 Monedas de oro y dinero en efectivo

Se baja por Nichigin-dōri para encontrarse con el **Museo de Moneda del Banco de Japón,** que atesora moneda japonesa de todos los tiempos. Como es gratis, se puede entrar a ver su colección de viejas monedas, lingotes de oro y papel moneda del período Edo.

3 Grandes almacenes históricos

A una manzana están los grandes almacenes **Mitsukoshi,** los primeros de Japón. El edificio de factura europea tiene leones de bronce en la entrada y una imponente estatua de Magokoro, la diosa de la sinceridad, en el atrio. En el interior se respira cierto aire *vintage*. En la 6ª planta hay una galería de arte.

4 Ambiente de la época Edo, pero moderno

Al cruzar la calle está **Coredo Muromachi,** un complejo comercial (tres centros comerciales y una gran terraza) que incorpora elementos tradicionales, dotándolo de cierta atmósfera del período Edo pero actualizada. Las tiendas son principalmente de alimentación y tendencias, con énfasis en el diseño y productos japoneses.

5 Templo de la prosperidad

Al bajar por la calle con farolillos entre los complejos comerciales se saldrá a un cruce, donde una *torii* (puerta de entrada) señala la entrada al **Fukutoku-jinja,** un elegante templo sintoísta a los pies de un rascacielos donde está consagrada Ukanomitama, una deidad asociada a la agricultura y la cosecha.

6 El puente de Japón

Se retrocede hasta la avenida principal y se va al sur hacia el histórico **Nihonbashi** (p. 47), que da nombre al barrio. El puente actual se construyó en 1911, aunque en 1603 era un puente de madera donde confluían cinco importantes carreteras que conectaban Edo con otras partes del país.

★ IMPRESCINDIBLE

Estación de Tokio

La estación de Tokio (東京駅), un edificio de ladrillo rojo de estilo renacentista, ha sido un símbolo de la ciudad desde su finalización en 1914. Detrás de su bonita fachada, los *shinkansen* (trenes bala) transportan a los pasajeros por todo el país, y decenas de miles de viajeros diarios transitan por los extensos y subterráneos complejos comerciales y restaurantes.

PLANO P. 46 **D3**

CONSEJO
Por esta estación pasan muchos viajeros a diario; las tardes de los días laborables está más tranquila. Se puede pasar 1 o 2 h aquí antes o después de visitar el Palacio Imperial.

Escanea este código QR para más información sobre la estación de Tokio.

Arquitectura de la estación de Tokio

Durante la II Guerra Mundial, los bombardeos dañaron los tejados de la estación; el actual edificio es el resultado de una meticulosa obra de restauración que se terminó en el 2012, casi un siglo después de su construcción. El edificio, diseñado por Kingo Tatsuno, tiene una fachada con tramos intercalados de ladrillo rojo y cúpulas en los extremos norte y sur, cuyos interiores esconden techos abovedados con relieves de yeso y esculturas incrustadas de los 12 signos del zodíaco japonés.

Tokyo Station Gallery

Delante de la salida norte de la estación está la **Tokyo Station Gallery.** Visitar la galería es quizá la única manera de ver de cerca los pisos superiores de la cúpula sin gastarse un dineral alojándose en el lujoso Tokyo Station Hotel. Programa cinco exposiciones anuales muy polifacéticas, pero con poca información en inglés. Durante la visita por la galería se podrán ver las paredes interiores de ladrillo visto y demás elementos utilizados en la construcción de la estación original. En la tienda de objetos de regalo se puede caminar por el pasillo de la 2ª planta de la cúpula.

SANGAKU/GETTY IMAGES ©

Tokyo Character Street

Si lo que se busca es hacerse con un montón de muñequitos de *merchandising,* esta fila de **tiendas** del complejo subterráneo de la estación de Tokio lo pone fácil. Los críos y los coleccionistas se lo pasarán pipa recorriendo estas jugueterías en busca de productos de Lego y *anime,* o peluches y juguetes encapsulados de Pokémon.

Tokyo Ramen Street

En todo el complejo subterráneo de la estación hay restaurantes, tiendas de dulces y cafés. Hay desde *sushi* a cervecerías, pero lo que triunfa es **Tokyo Ramen Street,** que reúne a siete de los mejores establecimientos de *ramen* de la ciudad. Cada uno especializado en un tipo de *ramen*, desde los clásicos *shōyu* (con salsa de soja), *shio* (sal) y *tonkotsu* (hueso de cerdo), a los *tsukemen* (fideos para mojar).

CONTEMPLAR LOS TRENES

En la 4ª planta de la librería Maruzen, cerca del edificio de la estación, está el **Café 1869,** con vistas a las vías del tren bala que entra y sale de la estación de Tokio.

★ IMPRESCINDIBLE

Palacio Imperial

Donde antiguamente se alzaba el castillo de Edo hoy está el majestuoso Palacio Imperial (皇居), la residencia del emperador y la emperatriz de Japón. Desde fuera no se puede ver mucho de lo que encierran sus imponentes murallas, así que se recomienda participar en un circuito oficial para verlo más de cerca.

PLANO P. 46 **A3**

CONSEJO
Reservar una plaza para el circuito lo antes posible (hasta con un mes de antelación). La visita dura más de 1½ h.

Escanea este código QR para reservar plaza en el circuito por el Palacio Imperial.

El castillo original de Edo

El Edo-jō, o castillo de Edo, fue construido y ocupado inicialmente por el sogunato Tokugawa en el emplazamiento que hoy ocupa el Palacio Imperial. En 1868, con el final del régimen sogunal, el castillo se convirtió en la residencia oficial de la familia imperial, y la capital y el emperador se trasladaron de Kioto a Tokio. Sin embargo, poco queda de las estructuras del período Edo: solo dos torres de vigilancia, las murallas de piedra y las puertas.

Edificios del palacio

Los edificios del actual recinto del palacio son bastante nuevos, ya que se reconstruyeron en la década de 1960 porque gran parte del complejo fue destruido durante la II Guerra Mundial. Uno de los que se verán en el circuito es el Kyūden, un edificio moderno y discreto que alberga el salón del trono. También se verá **Fushimi-yagura,** una torre de vigilancia del período Edo, junto con varias salas parlamentarias modernas. Otra estructura notable es el **Nijū-bashi,** un ornamentado puente de acero que sirve de entrada oficial al palacio, desde el que también se verá el **Megane bashi** (en la foto), un puente de piedra, y el contorno urbano de Marunouchi al fondo.

TOOYKRUB/SHUTTERSTOCK ©

El circuito

Aunque se pueda entrar a ciertas zonas del recinto, los visitantes no pueden acceder a ningún edificio. Aun así, vale la pena unirse a un circuito donde un guía entendido explica el pasado y presente del castillo, y gratis –en español, inglés, francés, chino o coreano–. Se ofrecen dos visitas diarias, menos de finales de julio a finales de agosto y en vacaciones de fin de año. Quien no haya podido reservar, podría llegar pronto y registrarse *in situ,* pero la plaza no está garantizada. Si todo eso fallara, el Jardín Oriental del Palacio Imperial (p. 47) es un premio de consolación más que digno.

UNA PAUSA

Tras recorrer el recinto del palacio se puede hacer una parada en **Harbs,** con sus pasteles de fruta natural, generosas raciones de pastel de fresas y tartas de temporada.

Palacio Imperial
Jardín Oriental del Palacio Imperial
Sannomaru Shōzōkan
Kōkyo Higashi-Gyoen (Jardín Oriental del Palacio Imperial)
CHIYODA-KU
ŌTEMACHI
Ōtemachi
Kōkyo-gaien Plaza
Uchibori-dōri
Eitai-dōri
Naka-dōri
JR East Travel Service Center
Tokyo
Ekibenya Matsuri
Intermediatheque
Estación de Tokio
KITTE
MARUNOUCHI
Nijūbashimae
Sakuradamon
Harumi-dōri
Hibiya-dōri
Centro de información turística de la JNTO
Yūrakuchō
Kajibashi-dōri
Kyōbashi
Sotobori-dōri
YAESU
Chūō-dōri
KYŌBASHI
Yaesu-dōri
CHŪŌ-KU
Shōwa-dōri
Sakura-dōri
Shuto Expwy No 5
Shuto Expwy No 1
Shin-nihombashi
Chūō-dōri
Museo Conmemorativo Mitsui
Museo de Moneda del Banco de Japón
Mitsukoshimae
Nihonbashi
Nihombashi Cruise
Nihombashi
NIHOMBASHI
Kayabachō
0
400 m
Más información
Imprescindible p. 42
Experiencias p. 47
Comer p. 50
Beber p. 50
Comprar p. 51

EXPERIENCIAS

Pasear por los jardines del palacio JARDÍN IMPERIAL

El precioso **Jardín Oriental** (PLANO: 1 P. 46 **B2**), rodeado por los extensos jardines del Palacio Imperial, ocupa el lugar donde estaba el principal torreón del castillo original, Edo-jō. Se puede visitar gratis y sin necesidad de participar en un circuito. Es un lugar ideal, con mucha vegetación y espacios abiertos, para escapar del paisaje de hormigón de Tokio durante 1 o 2 h, con cuidadísimos prados para un pícnic y plácidas sendas.

Aquí también se verán vestigios del Edo-jō, algunas casetas de los centinelas y Fujimi-yagura, una de las torres de vigilancia que quedan del período Edo. Para más información, conviene descargarse la aplicación gratuita "Imperial Palace" (con audioguía) o buscar los paneles con explicaciones (en inglés).

En los jardines del parque, los amantes del arte japonés pueden visitar el **Sannomaru Shōzōkan** (Museo de las Colecciones Imperiales; PLANO: 2 P. 46 **B2**), que alberga una impresionante colección de tesoros y obras de arte propiedad de la familia imperial. Las entradas (con hora determinada) hay que comprarlas en línea y con antelación.

Caminar por Nihonbashi PUNTO DE REFERENCIA HISTÓRICO

PLANO: 3 P. 46 **E2**

Al principio del período Edo (1603-1867), el sogunato Tokugawa construyó caminos y carreteras que conectaban otras partes del país con Edo (la actual Tokio), la capital administrativa. Por aquel entonces todos esos caminos empezaban en un puente de madera, el **Nihonbashi** (literalmente, "puente de Japón").

En el centro del puente se verá el indicador del km 0, desde donde aún se calculan, a veces, las distancias por carretera desde Tokio. Ambos lados del puente están custodiados por los leones de bronce y los alados *kirin* (míticos 'dragones') que, junto al puente actual, fueron construidos en 1911. La autopista que pasa por encima esconde parcialmente el puente, pero está previsto eliminarla, un proceso que presumiblemente terminará en el 2041.

Salir de crucero por el río CRUCERO

PLANO: 4 P. 46 **E2**

Se puede ver Tokio desde el río en un corto crucero que sale de Nihombashi, muy cerca del puente. Hay distintos operadores que los organizan, con rutas y precios distintos. Se recomienda reservar los billetes con antelación, aunque hay quioscos cerca del puente que venden pasajes para el mismo día.

En todos los cruceros hay un guía, aunque solo hablan japonés. **Nihombashi Cruise** (nihonbashi-cruise.jp) organiza cruceros para ver los cerezos en flor y salidas nocturnas, pero hay que comprar el billete con antelación. Para una experiencia más íntima y en una embarcación más pequeña, hay que reservar en **Riverboat Mizuha** (funaasobi-mizuha.jp), que también los alquila a nivel privado.

Ruta por los museos pequeños del barrio MUSEOS

Vale la pena completar el día de exploración por el barrio visitando a media tarde alguno de los pequeños pero excelentes museos de la zona. Algunos, como el **Museo de Moneda del Banco de Japón** (PLANO: 5 P. 46 **E2**) e Intermediatheque, son gratuitos. El primero está en Nihombashi y atesora una colección de monedas antiguas, lingotes y papel moneda de todos los tiempos. El cercano **Museo Conmemorativo Mitsui** (PLANO: 6 P. 46 **E2**) alberga obras de arte japonés y occidental adquiridas por las familias Mitsui, una dinastía de mercaderes que empezó en el período Edo, cuyo legado ahora toma forma de grupo empresarial.

Si se está por la estación de Tokio, se recomienda ir a **Intermediatheque** (PLANO: 7 P. 46 **C3**), un museo contemporáneo en el centro comercial KITTE que viene a ser como un híbrido de galería de arte y de colección privada de un multimillonario. La exposición permanente presenta una enorme colección de piedras, esqueletos, animales disecados e incluso momias, todo por gentileza de la Universidad de Tokio. También merece la pena visitar la Tokyo Station Gallery (p. 42), porque permite subir a la 2ª planta de una de las cúpulas de la estación, a la que no se puede acceder de otra manera.

Ver las iluminaciones de invierno PUNTOS DE INTERÉS ESTACIONALES

Lo más destacado de las semanas previas a Navidad son las lucecitas de invierno que se instalan por toda la ciudad; especialmente bonitas son las de Marunouchi. Entre noviembre y febrero, los árboles de delante de la estación de Tokio están iluminados por miles de lucecitas. Crean el entorno perfecto para un paseo romántico, y cuando se necesita escapar del frío, nada

LOS JARDINES DEL EDO-JŌ

El Jardín Oriental está dividido en tres zonas: Honmaru, Ninomaru y Sannomaru –una nomenclatura convenida que se aplica a todos los castillos japoneses–. En el período Edo, el *honmaru* era la zona principal del recinto del castillo, donde estaba el torreón principal. El *ninomaru* es el recinto secundario, separado del *honmaru* por murallas o un foso, que hacía de zona crucial de defensa del castillo. Del mismo modo, el *sannomaru* está extramuros del *ninomaru*, y era la primera línea de defensa para combatir a los enemigos que lograban atravesar el foso exterior y las puertas del castillo.

mejor que contemplar las decoraciones navideñas del interior de los grandes almacenes y centros comerciales como **KITTE** (PLANO: 8 P. 46 **C3**), que ocupa la antigua oficina central de Correos de Tokio con una arquitectura interior moderna que mola.

Disfrutar de una 'ekiben' en Ekibenya Matsuri

ALIMENTACIÓN

PLANO: 9 P. 46 **D3**

Si en Japón se busca una comida para llevar, las *bentō* nunca fallan. Estas comidas envasadas en cajas pueden ser caseras o compradas, pero la *ekiben* –una palabra compuesta: *eki* (estación) y *bentō*– es harina de otro costal. Se las llama así porque se venden en las estaciones donde los pasajeros se embarcan en el tren bala para un largo viaje, que no sería completo sin una de estas comidas. También hay otras maneras de distinguir la *ekiben* de la típica *bentō*. La *ekiben* suele llevar exquisiteces locales e ingredientes de primera, como lengua de ternera de Sendai, o cangrejo y erizo de mar frescos, que se presentan en cajas de interesante diseño.

Aunque tampoco hace falta marcharse de Tokio o subirse al tren bala para probarlas. En la estación de Tokio hay varias tiendas de *ekiben*, como **Ekibenya Matsuri,** la más grande, la cual ofrece un surtido enorme de cajas, algunas incluso traídas de otras prefecturas de Japón. Sin embargo, si se decide comprar alguna, se debería mirar en la zona alrededor de la estación y tener en cuenta que no hay espacios donde comerlas; se compra para llevar y disfrutarla en el alojamiento, o en el tren bala.

EL CUADRO DE HONOR DE LAS 'EKIBEN'

He aquí algunas de las *ekiben* más populares disponibles en la estación de Tokio.

Gyūniku Domannaka (牛肉どまん中) Creada cuando se inauguró el primer *shinkansen* de Yamagata, contiene ternera estofada sobre un lecho de arroz de Yamagata.

Chicken Bento (チキン弁当) El diseño retro no ha cambiado desde su aparición en 1964. Dentro hay un apetitoso arroz con sabor a tomate y pollo *karaage* (frito).

Tokyo Bento (東京弁当) Cada pieza de la *bentō* procede de los restaurantes de Tokio.

Ikura & Salmon Bento (こぼれイクラととろサーモンハラス焼き弁当) Vientre graso de salmón a la parrilla cubierto por una dosis generosa de huevas de salmón. El sueño de los amantes del pescado.

SUGERENCIAS

Localizaciones en el plano de la **p. 46**

Lo mejor para...

¥ Económico ¥¥ Medio ¥¥¥ Alto

Comer

Alta gastronomía

Antica Osteria Del Ponte ¥¥¥
10 C3
Alta gastronomía italiana cerca de la estación de Tokio. Tiene un comedor elegante con vistas a la ciudad desde el último piso del edificio Marunouchi. *11.00-15.00 y 17.30-22.00*

est ¥¥¥
11 C1
Cocina francesa con pinceladas japonesas en este restaurante con estrella Michelin, con ingredientes de proximidad y sostenibles. En el piso 39 del Four Seasons Hotel. *12.00-15.00 y 18.00-22.00*

Restaurantes históricos

Nihombashi Izumoya ¥¥
12 E1
Sirve deliciosa *unagi* (anguila) desde la década de 1940 –ahora lo lleva el nieto del primer dueño–. Los platos se sirven en preciosas cajas lacadas. *11.00 y 14.00 y 17.00-21.00, cerrado mi y do*

Janoichi Honten ¥¥
13 F2
Este restaurante de finales del s. XIX todavía sirve el clásico *sushi* Edomae. Al mediodía sirven almuerzos a precios razonables. *11.30-14.00 y 16.30-22.30 lu-sa*

Muromachi Sunaba ¥
14 E1
Este restaurante, que abrió en 1869, inventó el *tenzaru* (fideos *soba* con tempura de acompañamiento). *11.30-21.00 lu-vi, hasta 16.00 sa*

Salones de postres

Fruit Parlour Kajitsuen ¥¥
15 D3
Parfaits de fresas y otras frutas de temporada, y bonitos pasteles de fruta. Está ubicado en la estación de Tokio, pero pasadas las barreras mecanicas. *11.00-21.00*

Sembikiya Fruit Parlour ¥¥
16 E1
Sembikiya, que era una tienda de fruta en el período Edo, ahora es una cadena de cafés-frutería con productos de lujo. Tiene su famoso melón todo el año. *11.00-21.00*

Beber

Cócteles y cerveza artesana

Hitachino Brewing
17 D3
Este bar de la estación de Tokio quizá tenga un tamaño modesto, pero aquí se podrán probar algunas de las 10 cervezas artesanas Hitachino Nest de barril. *11.00-22.00 lu-sa, hasta 21.00 do*

Mandarin Bar
18 E1
Este lujoso bar de hotel lo tiene todo: interiorismo elegante, vistas desde las ventanas del piso 37, y unos cócteles intachables con marcado acento

japonés. *15.00-24.00 lu-vi, desde 12.00 sa y do*

Cocktail Works Tokyo

19 E3

Un bar oscuro y tranquilo parecido a una taberna sofisticada, entre Marunouchi y Nihombashi. Buenos cócteles y cerveza artesana de barril. *18.00-3.00 lu-sa, hasta 23.30 do*

Salones de té

Wang De Chuan

20 E1

Tés *oolong* taiwaneses de primera servidos calientes con toda su fragancia o fríos con espuma. Está dentro de la librería Eslite Spectrum Nihonbashi. *11.00-19.00 lu-vi, hasta 20.00 sa y do*

Ippuku & Matcha

21 E2

En su carta solo hay *matcha*, y postres con perfume de *matcha*. Aunque la mayoría de clientes los compren para llevar, se puede reservar una mesa en el salón especial de té. *11.00-20.00*

Tsuruya Yoshinobu Tokyo Mise

22 E1

Establecimiento de un famoso pastelero japonés. Sus exquisiteces maridan a la perfección con una taza de *matcha* fuerte. *11.00-20.00 lu-vi, desde 10.00 sa y do*

Cafés únicos

DAWN Avatar Robot Cafe

23 F1

Los robots que sirven comida e incluso conversan con los clientes de este café están manipulados a distancia por personas con discapacidades o limitaciones físicas. *Horario variable, ju cerrado*

Chooze Coffee

24 F3

Este elegante puesto de café permite escoger el nivel de cafeína que se quiere en la taza. *7.30-18.00 lu-vi, 12.00-17.00 sa y do*

Comprar

Dulces y condimentos

Kayanoya

25 E2

Esta tienda que vende *shōyu* (salsa de soja) y *dashi* (caldo) de primera fue diseñada por Kengo Kuma y cuenta con barriles de madera que cuelgan del techo. *11.00-20.00 lu-vi, desde 10.00 sa y do*

Usagiya Honten

26 E2

Una tienda sin florituras de dulces tradicionales que vende las deliciosas *dorayaki* (tortitas de judías rojas). La fundó en 1948 el hijo del fundador de Usagiya en Ueno. *9.30-18.00 lu-vi*

Moda y tendencias

Nakagawa Masashichi Shōten

27 E2

Fundada primero en la prefectura de Nara, la tienda insignia de la marca en Tokio vende artículos para el hogar, así como moda hecha en Japón. *11.00-20.00*

Hario Lampwork Factory

28 F1

Elegantes accesorios y joyas de vidrio hechos a mano por Hario, conocido fabricante de vidrio y de accesorios de café. En el taller se verá a los artesanos. *11.00-19.00*

Good Design Store Tokyo by Nohara

29 C3

De utensilios de cocina a moda, todos los artículos de la tienda han ganado el prestigioso Good Design Award, así que seguro que se encuentra algo que guste. *11.00-20.00*

Sugerencias de lugares para comer, beber y comprar en **p. 63**

Explora
Ginza y Tsukiji

Ginza es el barrio más sofisticado de Tokio, al que van los tokiotas para salir de compras, a comer y a tomar el té con los amigos en sus muchas tiendas y cafés. Si se piensa en una marca de lujo, seguro que aquí hay alguna *boutique*. Y a solo 20 min a pie está Tsukiji, donde se encontraba el mercado mayorista de pescado más grande de Tokio antes de trasladarlo a Toyosu en el 2018. Sin embargo, el traslado no ha perjudicado a la zona porque el mercado exterior aún es el lugar preferido para comprar pescado y marisco al por mayor, platos de *sushi* y utensilios de cocina. Como es el mejor sitio de Tokio para probar pescado y marisco fresquísimos a precios incomparables, comida callejera y dulces de lo más variados, se recomienda ir con hambre.

Cómo desplazarse

Tren
Las estaciones de JR más próximas a Ginza son Shimbashi y Yūrakuchō.

Metro
Para ir al Kabuki-za, bajar en la estación Higashi-ginza, de las líneas Hibiya y Asakusa. La estación Ginza, por la que pasan las líneas Ginza, Hibiya y Marunouchi, es la más próxima a las tiendas. La estación Tsukiji, en la línea Hibiya, está cerca del mercado exterior, aunque Tsukijishijō, en la línea Ōedo, tampoco queda lejos a pie.

A pie
Ginza y Tsukiji están a 20 min de distancia a pie.

Ginza Chûô-dôri (p. 55).

LO MEJOR

Ir al teatro **KABUKI-ZA** (p. 56).

Comprar en **GINZA CHŪŌ-DŌRI** (p. 55).

Darse un festín en el **MERCADO DE TSUKIJI** (p. 58).

Endulzarse en **GINZA MAISON HENRI CHARPENTIER** (p. 62).

Pasear por el **HAMA-RIKYŪ ONSHI-TEIEN** (p. 59).

CIRCUITO A PIE

De tiendas por Ginza

En Ginza, a cada paso que se da, se descubre un precioso ejemplo de arte, moda y arquitectura. Aquí las calles están flanqueadas por sofisticadas casas de moda y elegantes grandes almacenes, aunque si uno se fija bien también encontrará tiendas interesantes que venden de todo, desde pantuflas a lujosos bastones.

INICIO	FINAL	DURACIÓN
Kabuki-za	Cafe Comme Ça	2 km; 2½ h

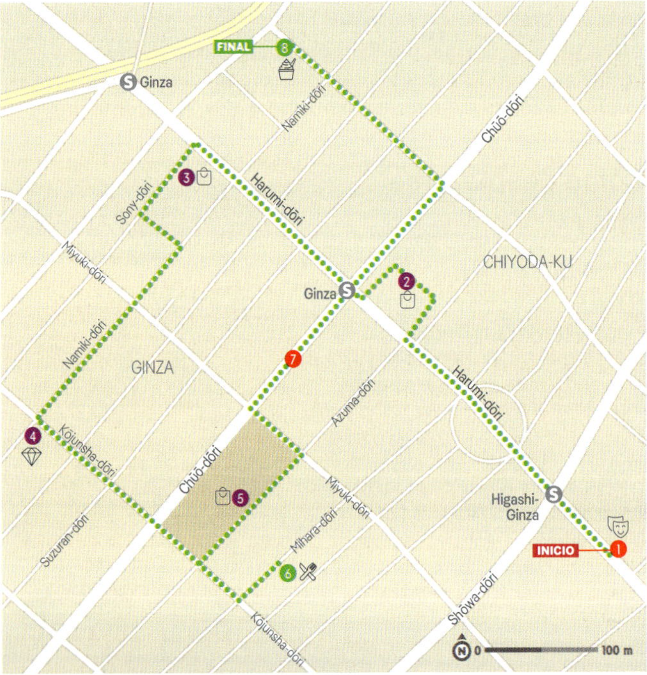

1 El teatro de kabuki

Se empieza la ruta en la estación Higashiginza, justo debajo del principal teatro de kabuki de Tokio: el **Kabuki-za** (p. 56). Si se siguen las indicaciones hasta el teatro, se llegará a la excelente tienda de regalos del sótano. Aun sin querer ver un espectáculo, se aconseja subir a la superficie y fotografiar la clásica fachada y los bonitos carteles pintados que luce.

2 Iconos de Ginza

Se sube por Harumi-dōri hacia la parte ostentosa de Ginza, en cuyo centro está **Mitsukoshi Ginza** (p. 61), uno de los primeros -y más lujosos- grandes almacenes del barrio. En la 8ª planta está el Museo Art Aquarium (p. 62), una excelente instalación con carpas de colores. Al cruzar la calle se encuentra **Wako,** otros grandes almacenes de categoría; el edificio y el reloj que lo corona son iconos imperecederos del barrio.

3 Arquitectura y elegancia

Hay que seguir por Harumi-dōri y admirar los trabajados escaparates y los edificios igual de interesantes de las *boutiques* de lujo, como la acristalada **Maison Hermès.**

4 Arquitectura vanguardista

Se gira por Namiki-dōri, con más escaparates y edificios chulos, como el que alberga la **'boutique' de Louis Vuitton** que recuerda vagamente a una medusa.

5 Un centro comercial artístico

Toca torcer a la izquierda por Kōjunsha-dōri y enfilar hacia **Ginza Six,** un centro comercial donde se reúne una clientela joven exquisita. Vale la pena echar un vistazo al interior *cool* y a las elegantes tiendas de primeras marcas. En el último piso está la librería y tienda de tendencias Ginza Tsutaya Books (p. 65).

6 Pausa para unos fideos

Detrás del edificio del Ginza Six está **Mugi to Olive,** donde se pueden reponer fuerzas con unos *ramen* aromatizados con *asari* (almejas). Lo suyo es pedir un tazón con todos los ingredientes.

7 Calle principal de Ginza

Ginza Chūō-dōri, la avenida que pasa por el Ginza Six y otras tiendas destacadas, se cierra al tráfico de vehículos los fines de semana y festivos. A ambos lados hay más grandes almacenes, *boutiques* de lujo y tiendas especializadas; algunas se remontan a los albores del barrio, como Matsuya (p. 61), y la popular papelería Itōya (p. 65).

8 Un dulce final

Se completa el circuito a pie con la guinda por antonomasia de Ginza: comer algo dulce en un café de lujo. Cerca, el **Cafe Comme Ça** tiene irresistibles tartas de frutas.

★ IMPRESCINDIBLE

Kabuki-za

Todo en el teatro kabuki es espectáculo en estado puro, desde el maquillaje facial y el precioso vestuario hasta la exagerada gestualidad de los actores y la elaborada escenografía. Este género teatral, que se remonta al s. XVII como forma de ocio popular, aún cautiva hoy a la población, y el Kabuki-za (歌舞伎座) es el lugar para verlo.

PLANO P. 60 **C3**

CONSEJO
Una obra completa de kabuki dura entre 3 y 4 h, pero se puede optar por asistir a un solo acto. Las entradas se venden un día antes de la función.

Escanea este código QR para comprar las entradas en línea.

El teatro

Con sus tejados inclinados y su señorial fachada adornada con farolillos rojos y altos estandartes, el Kabuki-za es un *rara avis* en el paisaje moderno urbano de Ginza. Este teatro dedicado exclusivamente al kabuki programa dos funciones diarias (25 días al mes). Aunque el primero se construyó en 1889, el edificio ha pasado por varias renovaciones, pues las estructuras originales se perdieron en incendios y desastres naturales. Su actual factura es el resultado de una renovación completada en el 2013, y es fiel a un diseño original de 1924.

La historia del kabuki

La historia del kabuki arranca en Kioto, en el s. XVII, cuando una sacerdotisa de un templo junto a su grupo de intérpretes femeninas empezó a popularizarse por su particular estilo de danza. Durante un tiempo, los intérpretes de kabuki fueron principalmente mujeres. Sin embargo, en 1652 la preocupación por la 'moral' prohibió a las mujeres ejercer esta arte escénica. De este modo, el kabuki pasó a ser exclusivamente masculino, y así sigue hasta la fecha.

Los hombres ataviados con pelucas y kimonos que representan a mujeres en escena se conocen como *onnagata* ("papel femenino"). Los actores de

JAPAN POOL/JIJI PRESS/AFP VIA GETTY IMAGES ©

kabuki se preparan desde muy jóvenes para el escenario, y muchos heredan el oficio de sus padres. En la 4ª planta del teatro se exponen las fotos de legendarios actores de kabuki.

La función

Los espectáculos de kabuki suelen representar episodios dramatizados de la historia y relatos cortos, aunque los hay modernos que incluyen personajes de *anime*. Aunque un espectáculo entero dura medio día, quienes solo quieran ver una parte pueden comprar las entradas en la web del teatro para un solo acto, que suele durar 1 h.

El día previo a cada función se ponen a la venta 70 localidades en el fondo del teatro, y otras 20 restantes el mismo día de la función. Aunque uno se siente en las últimas filas de la sala, la visibilidad del escenario es excelente. Se alquilan audioguías en inglés que explican la sinopsis de la obra.

UNA PAUSA
No hay salida al teatro que se precie sin comprar una *bentō* para comer durante el intermedio. Hay algunas opciones en la planta subterránea del teatro.

★ IMPRESCINDIBLE

Mercado de Tsukiji

Se armó un gran revuelo cuando la famosa subasta y mercado mayorista de atún de Tsukiji se trasladó a Toyosu en el 2018, pero años después de la operación, el mercado de Tsukiji (築地場外市場) sigue vivito y coleando. Y aún es el mejor sitio de Tokio para encontrar pescado y marisco más frescos, tentempiés callejeros y demás exquisiteces.

PLANO P. 60 **C4**

CONSEJO
Probar exquisiteces y descubrir el mercado requiere su tiempo. Abre de 9.00 a 14.00, pero hay tiendas que agotan sus existencias y cierran antes. Cierra los domingos y está tranquilo los miércoles.

Escanea este código QR para una guía práctica del mercado.

El mercado de pescado de Tokio

Se recomienda ir a este colorido mercado con el estómago vacío porque la oferta de comida es interminable. Ya en la periferia del mercado, el *sashimi* recién cortado, el *kaisen-don* (pescado crudo variado sobre un lecho de arroz), las patas de cangrejo a la brasa y la fruta despiertan el apetito. Hay que abrirse paso por el mercado abarrotado para encontrar los puestos de brochetas, las tiendas de utensilios de cocina con sus filas de cuchillos, los puestos de *sushi* y más. Años después de trasladar las grandes actividades mayoristas y la subasta del atún a Toyosu, el mercado de Tsukiji parece haber recuperado su antiguo esplendor.

Consejos para el mercado

El mercado de Tsukiji es un lugar muy turístico y eso queda reflejado en los precios –quizá, en parte, para recuperarse tras la pandemia del covid-19–. Se recomienda darse una vuelta antes de probar o comprar nada. Además, aquí son muy estrictos, y no se regatea. Se recomienda llevar dinero en efectivo porque hay tiendas que no aceptan el pago con tarjeta.

★ IMPRESCINDIBLE

Hama-rikyū Onshi-teien

El Hama-rikyū Onshi-teien (浜離宮恩賜庭園), uno de los lugares más idílicos de Tokio, permite escaparse del bullicio de la ciudad; se puede pasar la tarde paseando entre pinos y prados cuidados, o disfrutando de una taza de té con la brisa que sopla desde la cercana bahía de Tokio.

PLANO P. 60 **B6**

Jardín panorámico

El Hama-rikyū Onshi-teien empezó siendo un jardín privado fundado por el sogunato Tokugawa, y fue perfeccionándose poco a poco durante generaciones hasta que finalmente fue completado por el 11º sogún, Tokugawa Ienari. Tras la caída del sogunato, el jardín pasó a manos de la familia imperial, que lo custodió hasta 1945, cuando fue donado a la ciudad de Tokio y reabierto al año siguiente como parque público. Los edificios del cercano Shiodome sobresalen por encima de los árboles, creando una composición digna de ser fotografiada. En el parque hay varios estanques, el mayor de los cuales es el Shiorino-ike, un estanque de mareas que recoge agua del mar de la bahía de Tokio.

Salones de té

Para ver cada rincón de este amplio jardín se va a necesitar más de 1 h de paseo sin prisas, pero por el camino hay varios salones de té donde descansar. Se puede tomar una taza de *matcha* y *wagashi* (dulces japoneses) en **Nakajima-no-ochaya,** que está en medio del Shiori-no-ike y tiene un entarimado con vistas despejadas de los jardines.

CONSEJO
Se puede ir a pie después de visitar el mercado de Tsukiji, o emprender la ruta panorámica en barco hasta aquí desde Asakusa.

Escanea este código QR para horarios y precios para salidas en barco hasta los jardines.

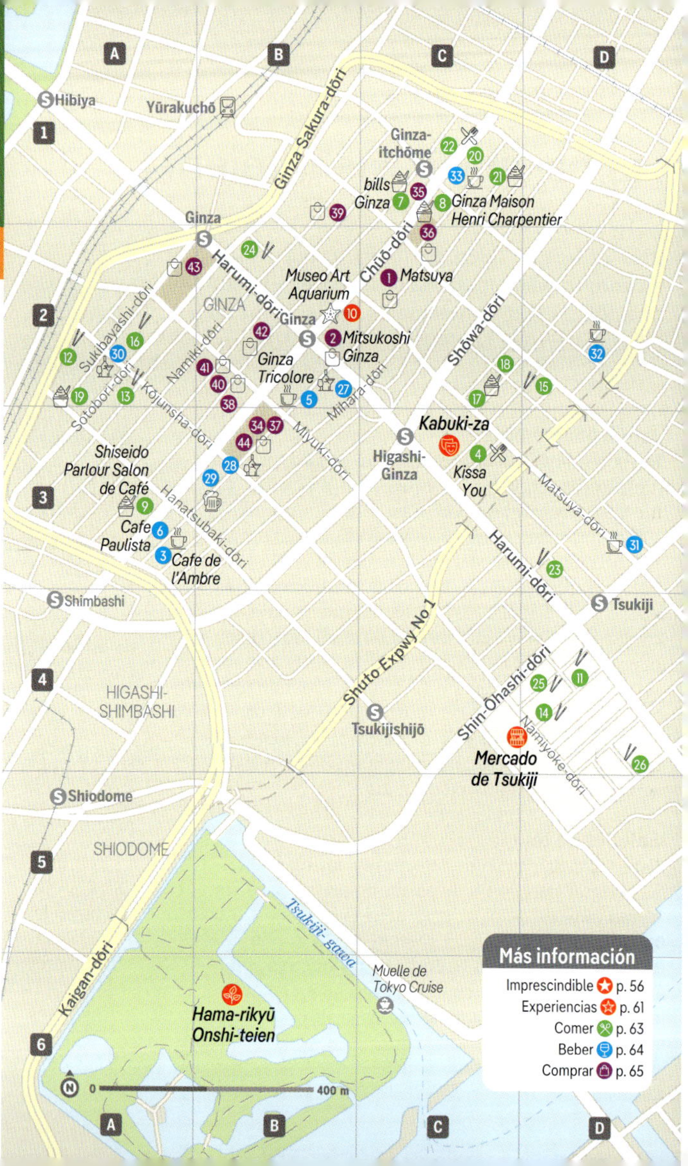
A
B
C
D
1
2
3
4
5
6
Hibiya
Yūrakuchō
Ginza Sakura-dōri
Ginza-itchōme
bills Ginza
Ginza Maison Henri Charpentier
Ginza
Chūō-dōri
Matsuya
Museo Art Aquarium
Harumi-dōri
GINZA
Ginza
Mitsukoshi Ginza
Ginza Tricolore
Sukiyabashi-dōri
Namiki-dōri
Sotobori-dōri
Kōjunsha-dōri
Miyuki-dōri
Mihara-dōri
Shōwa-dōri
Kabuki-za
Higashi-Ginza
Kissa You
Matsuya-dōri
Shiseido Parlour Salon de Café
Hanatsubaki-dōri
Cafe Paulista
Cafe de l'Ambre
Harumi-dōri
Shimbashi
Tsukiji
Shuto Expwy No 1
Shin-Ōhashi-dōri
HIGASHI-SHIMBASHI
Tsukijishijō
Namiyoke-dōri
Mercado de Tsukiji
Shiodome
SHIODOME
Tsukiji-gawa
Muelle de Tokyo Cruise
Kaigan-dōri
Hama-rikyū Onshi-teien
0
400 m
Más información
Imprescindible p. 56
Experiencias p. 61
Comer p. 63
Beber p. 64
Comprar p. 65

EXPERIENCIAS

Comprar moda de marca en Ginza

DE COMPRAS

Ginza, lujoso y elegante, es quizá el barrio más prestigioso de Tokio. Aquí, las calles, flanqueadas por *boutiques* de lujo y grandes complejos comerciales, se llenan de turistas y tokiotas los fines de semana quienes, pese a los precios prohibitivos, hacen cola para entrar a las tiendas de marca más populares. Las casas de moda y joyeros internacionales, desde Chanel a Cartier, tienen aquí su tienda (algunos más de una).

Si se quieren comprar piezas de diferentes marcas, lo más cómodo es ir a unos grandes almacenes; los dos más grandes de Ginza son **Matsuya** (PLANO: 1 P. 60 **C2**) y **Mitsukoshi Ginza** (PLANO: 2 P. 60 **B2**). Las *boutiques* de marca suelen tener una arquitectura e interiorismo preciosos que vale la pena ver aunque no se compre nada –muchas en Chūō-dōri–. Sin embargo, quienes quieran ir a muchas tiendas tendrán que organizarse y trazar una ruta con las indispensables, porque quizá estén muy dispersas por el barrio.

LOS MEJORES 'KISSATEN' DE GINZA

Cafe de l'Ambre

PLANO: 3 P. 60 **A3**

Esta cafetería conserva el mismo entorno rústico y sin florituras con el que se inauguró en 1948. Aquí solo sirven café, del bueno y recién tostado.

Kissa You

PLANO: 4 P. 60 **C3**

Una cafetería sin ínfulas, conocida por sus excelentes y esponjosas *omurice* (tortilla poco hecha sobre un lecho de arroz con tomate), y otras exquisiteces de huevo como el sándwich de tortilla. Mejor si no se va con hambre porque seguro que hay cola.

Ginza Tricolore

PLANO: 5 P. 60 **B2**

La fachada de este acogedor *kissaten* parece parisina. De los postres destacan las tartas de manzana y los *éclairs*.

Tomar café en el Cafe Paulista

CAFETERÍAS

PLANO: 6 P. 60 **A3**

El término *kissaten* ("tienda para beber té") es un poco equívoco. Son cafeterías retro de estilo japonés especializadas en café, que empezaron a popularizarse a finales del período Meiji (1868-1912) y durante el período Taishō (1912-1926), y que aún ocupan un lugar especial en la Tokio actual. En la moderna Ginza fue donde aparecieron los primeros *kissaten*, con interiores cálidos, acogedores e iluminados con lámparas, un estilo que aún los caracteriza.

El *kissaten* pionero de Ginza fue el **Cafe Paulista,** inaugurado en la década de 1910 –es el más antiguo aún en funcionamiento–. El mejor momento para ir a tomar un café a un *kissaten* es a media tarde, y si se tiene un poco de hambre, suelen tener una carta con propuestas ligeras como tostadas, sándwiches y platos occidentales *(yōshoku)*, que incluyen *omurice* y los dulzones espaguetis napolitanos con kétchup.

Darse un capricho dulce POSTRES

No hay entorno más perfecto que el sofisticado Ginza para merendar té con pastas en un café lujoso, o delicados pastelitos en algunas de las mejores pastelerías de Japón. Los salones de té y las tiendas de postres son tan populares que quien quiera ir en fin de semana a los más conocidos –como **bills Ginza** (PLANO: 7 P. 60 **C1**)– quizá tenga que reservar mesa con una semana de antelación, como mínimo, o mentalizarse que se va a hacer 1 h de cola. Sabiendo esto, se aconseja ir entre semana, cuando, además, el té con pastas quizá salga un poco más económico.

Si lo que apetece es darse un capricho rápido, sin muchos lujos, se puede bajar a los *depachika* de las plantas subterráneas de los grandes almacenes, que son los mejores sitios para echar un vistazo a un enorme surtido de panes, dulces y té para llevar. Para exquisitas tartas de frutas y *crêpes suzette* flambeados al momento, hay que ir a **Ginza Maison Henri Charpentier** (PLANO: 8 P. 60 **C1**). También se podrían probar *parfaits* clásicos en el pilar del barrio desde 1902, el **Shiseido Parlour Salon de Café** (PLANO: 9 P. 60 **A3**).

Dejarse cautivar por las carpas de colores del Museo Art Aquarium ARTE

PLANO: 10 P. 60 **B2**

A pesar de lo que su nombre podría sugerir, solo hay una clase de peces en el **Museo Art Aquarium,** las carpas de colores. Art Aquarium, que inicialmente era una exposición temporal de arte solo para un verano, ahora se ha instalado permanentemente en los grandes almacenes Mitsukoshi Ginza. Al pasar de la brillante luminosidad de las plantas comerciales al oscuro espacio expositivo, el visitante se encuentra con peceras con carpas cuyos colores brillan con la luz. En el acuario hay desde las especies más comunes a los peces insólitos, todos ellos expuestos exquisitamente en peceras e instalaciones únicas. En todo el espacio hay piezas de arte que evocan el diseño tradicional japonés, desde *ukiyo-e* (xilografías) a motivos Edo *kiriko* (vidrio tallado). Sin embargo, están presentadas de forma claramente contemporánea, con luces de colores y espejos que confieren al espacio una atmósfera futurista y extraterrenal –que recuerda a las populares exposiciones de teamLab (p. 70)– e invitan a una experiencia que siempre deja una impresión duradera.

Lo mejor para...

¥ Económico ¥¥ Medio ¥¥¥ Alto

Localizaciones en el plano de la **p. 60**

Comer

Pescado, marisco y tentempiés

Aji no Hamatō ¥
11 D4
Brochetas con las mejores frituras del mercado de Tsukiji. En el puesto de delante de su tienda principal venden *hanpen* (pasteles de pescado). *8.00-15.00*

Umegaoka Sushi-no-Midori ¥¥
12 A2
Popular cadena de *sushi* de Ginza siempre llena de turistas, con precios imbatibles. *11.00-15.00 y 17.00-21.00 lu-vi, 11.00-21.00 sa y do*

Ginza Iwa ¥¥¥
13 A2
Restaurante de *sushi* de precio alto. La carta es *omakase* (que hay que confiar en el chef). Reservar en línea con semanas de antelación porque las plazas son limitadas. *12.00-14.00 y 18.00-22.00*

Yamachō ¥
14 D4
Puesto del mercado de Tsukiji con jugosas *tamagoyaki* (tortilla) ensartadas en una brocheta, hechas al momento y servidas muy calientes. *6.00-15.30*

'Ramen'

Ginza Hachigō ¥
15 D2
Aquí el *umami* derivado de una mezcla de pollo, pato, setas y marisco domina en el caldo del *ramen. 11.00-15.30 mi-vi, hasta 16.00 sa y do*

Kagari Honten ¥
16 A2
Hay que probar el *ramen tori paitan* (un caldo espeso y casi lácteo a base de pollo, rico en sabor y en colágeno); se le puede añadir trufa por encima. *11.00-21.30*

Pasteles y caprichos dulces

L'ibisco ¥
17 C2
Helados recién hechos de sabores como té con leche y *matcha*, y otros más de temporada como melocotón blanco y mandarinas. *12.00-19.00 lu-vi, desde 11.00 sa y do*

crèam fraise génoise ¥¥
18 C2
Hay que zamparse el *shortcake* entero de fresas con nata porque aquí no venden porciones. También se puede pedir una mini copa de bizcocho, nata y fresas. *12.00-18.00 ma-do*

Patisserie Hana ¥¥
19 A2
Bonitos pasteles, tartas y profiteroles para llevar, decorados con motivos florales. *14.00-22.30 lu, ma, ju y vi*

Té completo de media tarde

Mercer Brunch Ginza Terrace ¥¥¥
20 C1
Uno de los mejores sitios de Ginza para un *brunch* y un té con pastas; la esponjosa torrija no tiene desperdicio. *11.00-22.30 lu-vi, desde 10.00 sa y do*

Louange Tokyo Le Musée ¥¥¥
21 C1
Los tés de media tarde (y los pastelitos individuales) tienen precios prohibitivos, pero son obras de arte; los ositos de "peluche" son demasiado monos para comérselos. *11.00-21.00*

Higashiya Ginza ¥¥
22 C1
Este moderno salón de té sirve toda suerte de tés japoneses, sake y *wagashi*, y también comida. *11.00-19.00*

Comida japonesa

Nunotsune Sarashina ¥
23 D3
Sencillo restaurante de Tsukiji que sirve *soba* deliciosos. Hay que probar los *soba sudachi*, servidos con rodajas de lima. *11.30-14.00 y 17.00-20.00 ma-sa*

Bird Land ¥¥¥
24 B2
Aquí el *yakitori* adquiere un estatus de *gourmet*. Tiene cortes de carne de primera, hígado, paté y guarniciones únicas. *17.00-22.30 ma-sa*

Kitsune-ya ¥
25 D4
Diminuto puesto que sirve consistente *gyūdon* (ternera guisada sobre un lecho de arroz) y en el que se puede ver la olla del estofado al fuego. *6.30-13.30 lu-sa*

Tsukiji Yoshino ¥¥
26 D4
Prepara un manjar especial para la tarde: *anago* (anguila marina) hecha a fuego lento y servida en una caja lacada. También combinados con *sushi* y *sashimi* recién hechos. *10.30-14.00 ju-ma*

Beber

Cerveza y cócteles

Tír na nÓg
27 B2
Quien entre en este bar subterráneo se encontrará en un reino de otro mundo. Copas y cócteles imaginativos. *11.00-4.00 lu-sa, hasta 23.00 do*

Mixology Salon
28 B3
En el Ginza Six, este pequeño bar se especializa en cócteles de té llamados *tea-tails*. También imparte cursos de coctelería. *13.00-23.00*

Ginza Lion
29 B3
La cervecería más antigua de Japón sobrevivió a los incendios y bombardeos de la II Guerra Mundial y está exactamente igual que como era en 1934. Carta con muchas cervezas y comida alemana en versión japonesa. *11.30-22.00 do-ju, hasta 22.30 vi-sa*

Little Smith
30 A2
Los altos techos curvos y la barra oval que rodea un pilar lo convierten en uno de los bares más interesantes de Ginza. No hay carta; se pide aquello que apetezca. *18.00-3.00 lu, ma, ju y vi, hasta 1.00 sa*

Café y té

Turret Coffee
31 D3
Esta cafetería de Tsukiji, una de las mejores de Tokio, sirve un café exprés fuerte. *7.00-18.00 lu-vi, hasta 17.00 sa y do*

Bongen Coffee
32 D2
Aquí no hay un espacio para comer, y las colas pueden ser largas, pero el interiorismo y el café compensan. *10.00-19.00*

Tanagokoro Tea Room
33 C1
Café limpio y despejado que sirve tés chinos y taiwaneses con postres

de judías dulces y "magdalenas". *11.00-19.00*

Comprar

Tendencias

Ginza Tsutaya Books
34 B3
Librería con estanterías del suelo al techo donde echar un ojo a los tomos de arquitectura y los libros ilustrados, pero también a las plumas estilográficas lacadas. En Ginza Six. *10.30-21.00*

Kurashi-no-Kaori
35 C1
Productos para llevar una vida minimalista y cuidarse con fragancias de esencia única inspiradas en las estaciones y tradiciones de Japón, como el cedro y el *yuzu*. *11.30-20.00*

Itōya
36 C2
Papelería centenaria en Chūō-dōri de varios pisos llenos de postales, plumas estilográficas, libretas y recuerdos. Un edificio anejo tiene agendas, bolsos y demás. *10.00-20.00 lu-sa, hasta 19.00 do*

Gyokusendō
37 B3
Sus teteras de cobre meticulosamente forjadas a mano son quizá las más bonitas que se hayan visto jamás. *10.30-20.30*

Moda

Uniqlo Ginza
38 B2
La tienda insignia más grande del gigante de la moda tiene 12 plantas y todos los artículos que uno se pueda imaginar, más un café. No tiene pérdida, basta con fijarse en el exterior de cristal con las filas de maniquíes giratorios. *11.00-21.00*

Muji Ginza
39 B1
Los amantes del diseño minimalista disfrutarán en la tienda insignia de Muji, donde preciosos expositores exhiben desde frutas y ropa a artilugios varios. *10.00-21.00*

Dover Street Market
40 B2
Tienda minorista de precio alto repartida por siete plantas de arte y moda, con marcas urbanas como Comme des Garçons y sus muchas marcas filiales. *11.00-20.00*

Comida y bebida

Uogashi Meicha
41 B2
Tienda especializada en tés japoneses con un salón en la 2ª planta. Los tés exquisitamente envasados constituyen excelentes recuerdos. También hay una tienda en Tsukiji. *11.00-18.00 ma-sa*

Ginza Nagano
42 B2
Hay que pasar por la tienda de Ginza para probar especialidades locales como vino, encurtidos y tentempiés de la montañosa Nagano. *10.30-19.00*

Kuzefuku & Co
43 A2
Vende aliños para ensaladas, mermeladas, encurtidos, *miso, dashi* (caldo) y cualquier salsa, especia y aderezo imaginable. En Tokyu Plaza Ginza. *10.30-19.00*

Imadeya
44 B3
Escoger una botella de sake, *shōchū* o cualquier licor que apetezca de las estanterías de esta elegante licorería requiere su tiempo. *10.30-20.30*

Sugerencias de lugares para comer, beber y comprar en **p. 78**

Explora Roppongi y Azabudai

Roppongi ha experimentado una transformación espectacular: antaño sinónimo de nocturnidad desinhibida, ahora es un destino de primera para arte, diseño, gastronomía y comercio. Muchas de estas atracciones más nuevas están en complejos 'polifacéticos': megacentros comerciales posmodernos, cada uno con su propia instalación cultural, además, claro está, de tiendas, restaurantes, espacios verdes y, al menos, un bloque de oficinas u hotel de lujo. Dos de dichos complejos, Roppongi Hills y Tokyo Midtown, presiden los extremos opuestos del barrio; el más nuevo, Azabudai Hills, está en el cercano Azabudai. Para comparar es mejor visitar otros distritos, como los adinerados barrios residenciales de Azabu-jūban y Nishi-Azabu. Mientras tanto, el corazón del "viejo Roppongi" –el distrito noctámbulo– sigue latiendo alrededor del cruce de Roppongi.

Cómo desplazarse

Metro

La línea Hibiya para en Roppongi y Kamiyachō (la estación más cercana a Azabudai Hills), y la línea Toei Ōedo, en Roppongi y Azabu-jūban. Las líneas Hibiya y Ōedo tienen estaciones independientes en Roppongi; están comunicadas, pero por fuera de las taquillas. La línea Chiyoda para en la cercana Nogizaka, que es práctica para ir al Tokyo Midtown y al Centro Nacional de Arte de Tokio.

A pie

Desde el cruce de Roppongi, hay 15-20 min a pie hasta Azabudai Hills, Azabujūban o Nishi-Azabu.

Tokyo Tower (p. 76).
KAZU8/SHUTTERSTOCK ©

★

LO MEJOR

Alucinar en **TEAMLAB BORDERLESS** (p. 70).

Reflexionar en el **MUSEO DE ARTE MORI** (p. 72).

Ir de compras en **TOKYO MIDTOWN** (p. 73).

Explorar **AZABU-JŪBAN** (p. 75).

Contemplar la **TOKYO TOWER** (p. 76).

CIRCUITO A PIE

Callejear por Roppongi

Aunque se puede acceder a las atracciones principales por los pasajes subterráneos del metro, este circuito es por la superficie y empieza en el cruce de Roppongi, uno de los lugares más caracteristicos del barrio. Desde allí, hay que atravesar Roppongi Hills rumbo a Azabu-jūban, un barrio encantador que contrasta con todo el hormigón de Roppongi.

INICIO	FINAL	DURACIÓN
Cruce de Roppongi	Azabu-jūban	2 km; 1½ h

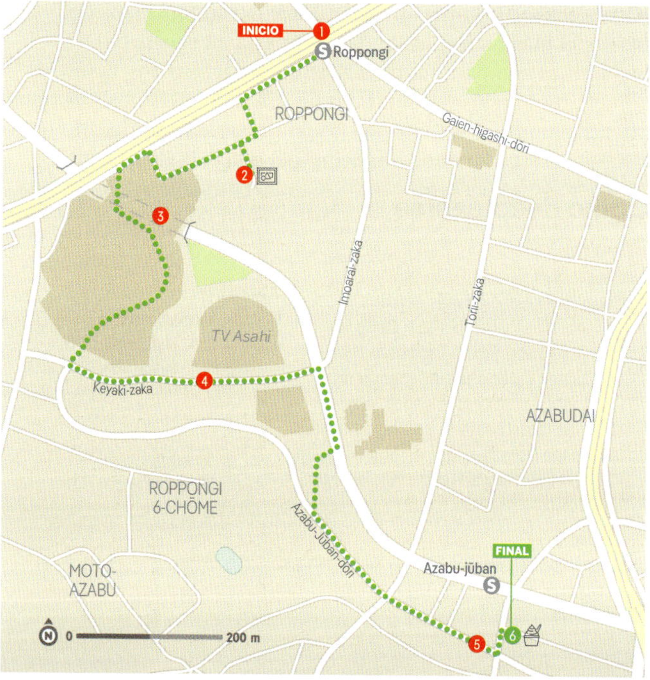

1 El cruce principal

Se va hasta la estación de metro de Roppongi y se toma la salida 3 para subir a la esquina de **cruce de Roppongi.** Allí está Almond, una pastelería emblemática y con solera. Esta esquina de la calle, normalmente tranquila de día, de noche se convierte en un lugar de encuentro para salir de fiesta.

2 Galerías de arte

De camino a Roppongi Hills, hay que desviarse por la calle lateral de la izquierda para ver el **Complex 665** (p. 75), un edificio gris anodino que alberga tres prestigiosas galerías de arte contemporáneo; es ideal para tomarle el pulso a la oferta local (¡y además gratis!).

3 Una famosa escultura pública

Sin embargo, la obra de arte más famosa de Roppongi sigue siendo *Maman,* una de las esculturas públicas de **Roppongi Hills** (p. 72). La araña gigante, de Louise Bourgeois, tiene una divertida manera de interferir en el tamaño de los edificios, sobre todo en las fotos. También sirve de punto de referencia para no perderse en el centro comercial. Hay que seguir andando y se pasará por la entrada al Museo de Arte Mori y al Toho Cinemas Roppongi Hills.

4 Una calle bonita

Frente al centro comercial está **Keiyaki-zaka,** una de las calles más bonitas y románticas de Tokio. En primavera está flanqueada por cerezos en flor; en invierno, las ramas deshojadas se visten con elegantes luces por la noche. Es un lugar recurrente para citas que suele aparecer en series televisivas. Al principio de la calle se emplaza **Bricolage Bread & Co** (p. 78), uno de los pocos sitios de Tokio donde comer al aire libre.

5 Una calle comercial icónica

Al final de Keiyaki-zaka, hay que doblar la esquina rumbo a Azabu-jūban. Para evitar la calle principal, se puede ir por la lateral de la derecha hasta **Azabu-jūban Street** (p. 75), un histórico mercado callejero con tiendas venerables de toda la vida y otras más nuevas y modernas.

6 Pausa para un dulce famoso

En una calleja de la izquierda, hay que buscar **Naniwaya Sōhonten,** un favorito de la zona para *taiyaki* (galletitas de judías en forma de pez) desde 1909. Con suerte se podrá probar alguno de estos dulces tradicionales, porque se agotan rápidamente. A partir de aquí, la estación Azabu-jūban del metro está a dos pasos, o se puede seguir callejeando por el barrio.

★ IMPRESCINDIBLE

teamLab Borderless

Azabudai Hills, el complejo urbanístico más reciente de Tokio, es el nuevo hogar de teamLab Borderless, un museo de arte digital que se ha convertido en una de las principales atracciones de Tokio. También hay que ver las "Hills" más nuevas, con una psicodélica arquitectura neofuturista y obras de arte públicas.

PLANO P. 74 **E2**

CONSEJO
Comprar las entradas de teamLab Borderless en línea y con antelación, porque se agotan. Abre de 10.00 a 21.00, y cierra el primer y tercer martes de cada mes.

Escanea este código QR para saber qué hay en teamLab Borderless.

Arte digital en teamLab Borderless

El colectivo artístico teamLab formado en Tokio a principios de la década del 2000 se ha convertido en uno de los grandes nombres del arte digital.

Aunque ahora se puedan ver sus obras en otros lugares del mundo, como Singapur, teamLab Borderless sigue siendo su experiencia más personal, un museo permanente con más de 50 obras: muchas del espacio original en Odaiba y otras que se exhiben por primera vez, como el hipnótico *Tunnel into the Mirror Universe*, parte de la nueva serie Light Sculpture Flow, y la colorida, si bien un poco confusa, *Microcosmoses Wobbling Light* (en la foto).

En teamLab Borderless no hay planos ni rutas a seguir. Es como un juego de rol: las instalaciones son mundos independientes que se pueden explorar sin prisas, parando para interactuar con avatares digitales, que reaccionan a la presencia del visitante, moviéndose o invitándole a jugar. Hay que descargarse la aplicación "teamLab" para descubrir más formas de interacción con las instalaciones.

Sketch Ocean y Sketch Factory

Sketch Ocean es una de las atracciones más populares de teamLab, sobre todo para familias. Todos los visitantes tienen que dibujar un pez sobre papel que después aparece reproducido como imagen

TEAMLAB, MICROCOSMOSES - WOBBLING LIGHT © TEAMLAB

digital en el mundo oceánico de la obra de arte. Y después de Sketch Ocean está **Sketch Factory,** una tienda de recuerdos donde se puede pedir que estampen los dibujos que se han hecho el día de la visita, por ejemplo, en camisetas y bolsas de tela.

De exploración por Azabudai Hills

Cada "Hills" tiene su propia factura y **Azabudai Hills,** inaugurado a finales del 2023, es el más vanguardista, con bancales ajardinados y líneas sinuosas. En el espacio verde central se halla **'Miss Forest',** una escultura de Yoshitomo Nara; al lado, hay una plaza a la sombra de espirales abstractas conocidas como "The Cloud" (la nube).

Casi todas las atracciones, tiendas y restaurantes incluidos, están en los edificios de Garden Plaza; teamLab Borderless está en el sótano de Garden Plaza B.

UNA PAUSA

Que nadie se pierda **En Teahouse,** donde de las tazas florecen flores digitales. La carta incluye té tostado con leche de arroz y helado vegano de *matcha*. Hay otros muchos tés y cafés en otras partes de Azabudai Hills.

★ IMPRESCINDIBLE

Roppongi Hills

La atracción estelar de Roppongi Hills es el Museo de Arte Mori, importante centro de arte contemporáneo. Comparte los últimos pisos de la Torre Mori con un mirador, el Tokyo City View. Otras razones para visitarlo son un popular cine y un enorme plantel de lugares donde comer.

PLANO P. 74 **C2**

CONSEJO
El Museo de Arte Mori abre hasta tarde (22.00 excepto ma). Se puede ir al atardecer para disfrutar de las vistas nocturnas desde la Tokyo City View. Casi todos los restaurantes de Roppongi Hills abren hasta las 23.00.

Escanea este código QR para la programación del Museo de Arte Mori.

Museo de Arte Mori y Tokyo City View

El **Museo de Arte Mori** (MAM) es el espacio de arte contemporáneo más grande de Tokio, con exposiciones como las retrospectivas de destacados artistas japoneses, como Takashi Murakami, Yayoi Kusama y Makoto Aida. Pero también ha habido exposiciones que invitan a la reflexión, que tocan temas como la IA, el urbanismo y el cambio climático. Cada tres años, el museo programa "Roppongi Crossing", que presenta a artistas emergentes.

Además de la exposición principal, cuenta con tres espacios más pequeños (uno dedicado al cine) que apuestan por piezas más experimentales. Con la entrada se puede acceder al **Tokyo City View,** con vistas desde 250 m de altura, ideal para ver la Tokyo Tower.

Pasar un buen rato en Roppongi Hills

El otro gran reclamo de Roppongi Hills es su cine de última generación, el **Toho Cinemas Roppongi Hills.** Además de estrenar grandes producciones, las sesiones se alargan hasta pasada la medianoche y se puede comprar vino y cerveza en el puesto de refrigerios. En otras partes del centro comercial hay muchas zonas de restauración donde hay desde comida rápida a opciones con estrella Michelin.

★ IMPRESCINDIBLE

Tokyo Midtown

Tokyo Midtown se distingue de otros complejos comerciales por poner su acento en el diseño. Alberga 21_21 Design Sight, una institución única que explora cómo se interactúa con el diseño en la vida cotidiana, el Museo de Arte Suntory y un fantástico espacio verde público.

PLANO P. 74 **C1**

Exposiciones y tiendas de diseño

21_21 Design Sight dio mucho que hablar cuando se inauguró, junto con Tokyo Midtown, en el 2007. Creado por algunos de los grandes nombres del diseño japonés, fue el primer museo de este tipo en la ciudad. Las exposiciones analizan de qué manera se interactúa con el diseño en el día a día, a través de los productos que la gente utiliza y de los espacios en los que viven. La elegante estructura de hormigón y cristal fue diseñada por Tadao Ando, uno de los arquitectos contemporáneos más destacados de Japón.

Otra de las sensaciones es el **Museo de Arte Suntory,** donde las exposiciones exhiben bellos objetos funcionales –como la cerámica de la ceremonia del té–. Este museo, obra de otro arquitecto famoso, Kengo Kuma, está en el centro comercial, en la 3ª planta de la Galleria. En el piso de encima hay muchas tiendas de interiorismo, a destacar Wise-Wise Tools (p. 79).

Midtown Garden

No hay que pagar nada para disfrutar del **Midtown Garden,** el espacio verde del centro comercial. Es un lugar concurrido para contemplar las flores del cerezo *(hanami)* en primavera y por la iluminación nocturna en invierno. También hay fabulosos parterres de césped y eventos todo el año.

CONSEJO

21_21 Design Sight y el Museo de Arte Suntory cierran los martes y entre montaje de exposiciones. Y ya que se está aquí, se recomienda ir a probar dulces tradicionales japoneses a **Toraya** (en el sótano).

Escanea este código QR para eventos y exposiciones en Tokyo Midtown.

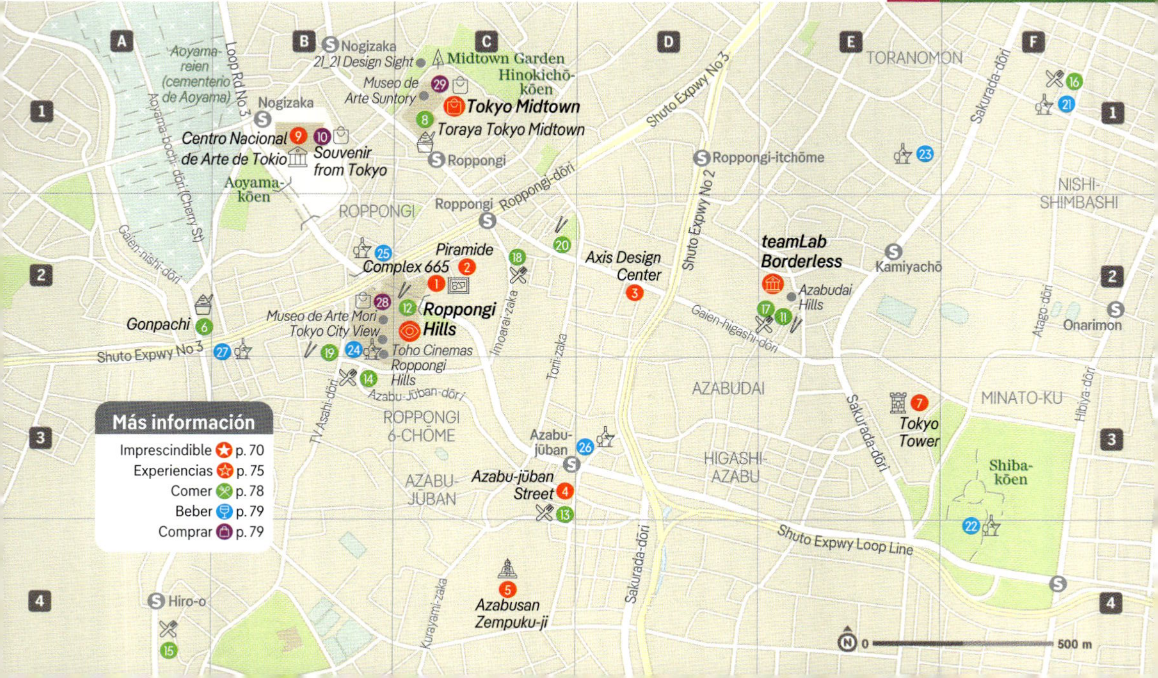
A
B
C
D
E
F
1
2
3
4
Aoyama-reien (cementerio de Aoyama)
Loop Rd No 3
Nogizaka
21_21 Design Sight
Midtown Garden
Hinokichō-kōen
Museo de Arte Suntory
29
Tokyo Midtown
8
Toraya Tokyo Midtown
Roppongi
Centro Nacional de Arte de Tokio
9
10
Souvenir from Tokyo
Aoyama-kōen
Aoyama-bochi-dōri (Cherry St)
Galen-nishi-dōri
ROPPONGI
Roppongi-dōri
Shuto Expwy No 3
Roppongi-itchōme
Shuto Expwy No 2
TORANOMON
Sakurada-dōri
NISHI-SHIMBASHI
16
21
23
25
Piramide
Complex 665
1
2
28
12
Roppongi Hills
Museo de Arte Mori
Tokyo City View
19
24
Toho Cinemas Roppongi Hills
14
18
20
Imoarai-zaka
Torii-zaka
Axis Design Center
3
teamLab Borderless
Azabudai Hills
17
11
Kamiyachō
Galen-higashi-dōri
Atago-dōri
Onarimon
Gonpachi
6
27
TV Asahi-dōri
Azabu-Jūban-dōri
ROPPONGI 6-CHŌME
AZABUDAI
MINATO-KU
Hibiya-dōri
7
Tokyo Tower
Azabu-jūban
26
HIGASHI-AZABU
AZABU-JŪBAN
Azabu-jūban Street
4
13
Shiba-kōen
22
Shuto Expwy Loop Line
Kurayami-zaka
5
Azabusan Zempuku-ji
Hiro-o
15
0
500 m
Más información
Imprescindible p. 70
Experiencias p. 75
Comer p. 78
Beber p. 79
Comprar p. 79

EXPERIENCIAS

De galerías por Complex 665 ARTE Y DISEÑO

Gracias a la fuerza gravitacional de instituciones como el Museo de Arte Mori y 21_21 Design Sight, Roppongi se ha convertido en uno de los mejores sitios para ver galerías. Se puede empezar por **Complex 665** (PLANO: 1 P. 74 C2); el pequeño edificio alberga tres galerías de peso –Taka Ishii, ShugoArts y Tomio Koyama Gallery– que representan a artistas contemporáneos que trabajan tanto en Japón como en el extranjero.

Hay más galerías pequeñas en **Piramide** (PLANO: 2 P. 74 C2), un espacio tipo centro comercial cerca de Complex 665. Taka Ishii tiene también la **Taka Ishii Gallery Photography/Film,** en el **Axis Design Center** (PLANO: 3 P. 74 D2) en Gaien-Higashi-dōri.

Las galerías son gratis; lo que cuesta es encontrarlas. Se puede consultar antes su programación, p. ej., en la web local Tokyo Art Beat (tokyoartbeat.com). La mayoría abren de 12.00 a 18.00 o 19.00, y cierran los lunes y domingos.

Explorar las calles adoquinadas de Azabu-jūban BARRIO

Azabu-jūban (麻布十番) es un distrito residencial donde se concentran las embajadas extranjeras, las fincas de la alta sociedad y los áticos de famosos. Se respira un agradable ambiente de pueblo, gracias a sus calles adoquinadas y sus edificios bajos. Las pocas tiendas de cadena que hay aquí tienen una señalización discreta para no interferir en el ambiente. Quizá los fans del *anime* ya conozcan Azabu-jūban por ser el principal escenario de *Sailor Moon.*

Para el resto de mortales, la principal atracción es la histórica **Azabu-jūban Street** (PLANO: 4 P. 74 C3), con un mercado callejero con tres siglos de historia. Se puede enfilar por otras callejas sinuosas para descubrir más tiendas y restaurantes, y los santuarios y templos del barrio. Aquí está el **Azabusan Zempuku-ji** (PLANO: 5 P. 74 C4), el segundo templo más antiguo de Tokio –después del Sensō-ji (p. 162) de Asakusa–; en él hay un árbol *ginkgo,* según dicen el más antiguo de Tokio.

Conocer Roppongi de noche VIDA NOCTURNA

Roppongi es célebre por su vida nocturna y, pese a la urbanización reciente, aún quedan muchos sitios donde salir de fiesta por la zona del cruce de Roppongi y por Gaien-Higashi-dōri: whiskerías, bares deportivos, discotecas y karaoke. También hay sitios donde comer hasta tarde.

Para algo más íntimo, se puede ir a **Nishi-Azabu,** a 15 min a pie del cruce de Roppongi al suroeste. Este distrito residencial también cuenta con bares y restaurantes, algo más discretos. Uno de los más fáciles de encontrar es **Gonpachi** (PLANO: 6 P. 74 **A2**), una *izakaya* con prestigio. Es el edificio imponente, pero sin nada especial, que está en la esquina de Roppongi-dōri y Gaien-Nishi-dōri (el principal cruce de Nishi-Azabu). En las calles laterales hay más opciones.

Contemplar la Tokyo Tower desde la calle

LUGAR DE REFERENCIA

PLANO: 7 P. 74 **E3**

Completada en 1958, la **Tokyo Tower** es un símbolo querido de la capital –aunque ya no es la estructura más alta de Tokio (esa es Tokyo Skytree; p. 165)–. Con 333 m de altura, es solo un poco más alta que la Torre Eiffel de París, a la que se parece por la forma pero no por el color: la Tokyo Tower tiene un color rojo que es imposible no ver.

Tiene miradores abiertos al público (de pago); sin embargo, mejor que las vistas desde la Tokyo Tower son las vistas 'de' la Tokyo Tower. Aunque antaño presidía el centro de Tokio, las décadas de urbanización han hecho que ver el famoso icono sea como una tarea difícil de conseguir (pero compensa). En Roppongi sí hay algunos ángulos buenos para verla, sobre todo desde Gaien-Higashi-dōri (al este del cruce de Roppongi).

La Tokyo Tower está iluminada del atardecer a medianoche, en tonos cálidos en invierno y fríos en verano; los lunes se ilumina con un despliegue especial de colores.

Probar dulces japoneses en Toraya Tokyo Midtown

GOURMET

PLANO: 8 P. 74 **C1**

Toraya es una de las pastelerías tradicionales más famosas de Japón, y una excelente introducción a los *wagashi* (dulces japoneses). La marca, que se fundó en Kioto hace 500 años, ahora se vende en zonas de restauración *gourmet* de grandes almacenes y centros comerciales de todo el país. Pero si uno quiere comerlos sentado, con un té, la tienda independiente **Toraya Tokyo Midtown** tiene un salón de té donde hacerlo.

REDISEÑANDO ROPPONGI

La fama de Roppongi por su desinhibida vida nocturna se remonta a la ocupación estadounidense de Japón tras la II Guerra Mundial, cuando EE UU tuvo una gran presencia en la zona (aún hay un cuartel de recreo cerca). Roppongi Hills, que se inauguró en el 2003, encabezó la transición; estos complejos urbanísticos –que ahora incluyen Toranomon Hills y Azabudai Hills– son la obra de toda una vida del ya desaparecido magnate inmobiliario Minoru Mori, que tuvo una visión singular para un nuevo tipo de "aldea moderna urbana" donde cohabitarían oficinas, residencias y servicios en densos complejos de diseño. Impresionan a algunos pero a otros les dejan fríos; para juzgar, hay que verlos.

Se recomienda la especialidad de la casa, *yokan,* una densa gelatina de judías de color burdeos que se considera el más tradicional de los dulces japoneses; o probar los *namagashi,* dulces de temporada frescos, con formas y colores que reflejan las cuatro estaciones. Los dulces tradicionales japoneses se hacen con pocos ingredientes, a menudo solo con judía *adzuki,* azúcar y agar-agar. Toraya abre cada día de 11.00 a 21.00.

Pasar el rato en el Centro Nacional de Arte

ARTE Y DISEÑO

El **Centro Nacional de Arte de Tokio** (NACT; PLANO: 9 P. 74 **B1**) cuenta con el mayor espacio del país para exposiciones itinerantes, normalmente de prestigiosas instituciones internacionales como el Musée de Cluny de París o el Kunsthistorisches Museum de Viena. También comisaría sus propias exposiciones, a menudo de arte japonés contemporáneo.

No importa lo que haya, el edificio en sí es espectacular, con una impresionante fachada curvilínea de cristal del prestigioso arquitecto Kisho Kurokawa. Se puede entrar gratis, pero en las galerías hay que pagar. Se puede disfrutar del espacio luminoso y despejado tomando algo en uno de los dos cafés del museo: el informal **Café Coquille,** en el vestíbulo del atrio, o el más lujoso **Salon de Thé Rond,** que corona un cono invertido. El NACT abre cada día de 10.00 a 18.00, salvo los martes. Se recomienda visitar la excelente tienda de objetos de regalo del sótano, **Souvenir from Tokyo** (PLANO: 10 P. 74 **B1**), por su cambiante y codiciable selección de recuerdos de diseñadores locales.

EVENTOS ARTÍSTICOS DE ROPPONGI

Tal vez valga la pena plantearse visitar Roppongi cuando uno de estos festivales tome sus locales y calles.

Roppongi Art Night

Esperadísimo acontecimiento anual de primavera con instalaciones espectaculares y pasacalles en Roppongi Hills y alrededores. Dura dos días.

Tokyo International Film Festival

En octubre se celebra el mayor acontecimiento cinematográfico del año. Es una forma fabulosa de ver muchas películas japonesas con subtítulos en inglés. El principal espacio es el Toho Cinemas Roppongi Hills.

Design Touch

El festival anual de diseño de otoño de Tokyo Midtown presenta instalaciones molonas por todo el Midtown Garden, además de exposiciones y tiendas efímeras de interiorismo en todo el centro comercial.

SUGERENCIAS

Lo mejor para...

Localizaciones en el plano de la p. 74

¥ Económico ¥¥ Medio ¥¥¥ Alto

Comer

Sabores globales

Saawaan Bistro ¥¥¥
11 E2
Platos tailandeses contemporáneos de *gourmet* con ingredientes japoneses; mesas buscadas en el nuevo Azabudai Hills. Se aconseja reservar. *11.00-14.00 y 17.30-23.00*

Nanxiang Steamed Bun Restaurant ¥¥
12 C2
Establecimiento del famoso fabricante del *xiao long bao* (*dumplings* de sopa) de Shanghái en Roppongi Hills. Desde la ventana se ve cómo los hacen. *11.00-23.00*

Soul Food House ¥¥
13 C3
Los dueños y chefs David y LaTonya Whitaker sirven clásicos del sur de EE UU como bocadillos de carne de cerdo y macarrones con queso. El último pedido es 75 min antes del cierre. *11.00-15.00 mi-do, 17.00-22.00 mi-sa*

'Brunch' y hamburguesas

Bricolage Bread & Co ¥¥
14 B3
Esta colaboración entre el tostador de café Fuglen, el restaurante con estrella Michelin L'Effervescence y la panadería Le Sucré Coeur con sede en Osaka lo convierten en un lugar ideal para un *brunch*. Tiene mesas en la terraza. *7.00-19.00 ma-do*

Burger Mania ¥
15 A4
Hay que ir al cercano Hirō-o para una de las mejores hamburguesas de Tokio –una con carne 100% de ternera Kobe–, más los clásicos del *brunch* y ensaladas saludables. *11.00-22.00*

Delifucious ¥
16 F1
Las hamburguesas de pescado y los *"hot dogs"* de *anago* (anguila marina) creados por un exchef de *sushi* lo convierten en un bar de culto en Toranomon Hills. *11.30-15.00 y 17.00-22.00 do-vi*

Crudo y con base de verduras

Alchemy ¥¥
17 E2
En este local crudívoro de Bali, ahora en Azabudai Hills, cada uno puede diseñarse sus ensaladas y tazones con más de 30 cereales, frutos secos, semillas, frutas y verduras. *11.00-20.00*

Falafel Brothers ¥
18 C2
Local en Roppongi con falafel crujiente, verduras, *hummus* casero y una clientela vegana tokiota fiel. *8.30-21.30 lu-ju, hasta 22.00 vi sa, 9.30-20.30 do*

Abiertos hasta tarde

Chinese Cafe 8 ¥¥
19 B2
Este restaurante chino que abre toda la noche es un clásico de Roppongi, y tiene fama por sus decorativos falos dorados, su pato Pekín servido a cualquier hora y su servicio brusco. *24 h*

Gonpachi ¥¥
véase 6 A2
El restaurante japonés que inspiró la creación de un set memorable en

Kill Bill (2003) de Quentin Tarantino sirve brochetas a la brasa, *sashimi* y demás clásicos de *izakaya*. *11.30-3-00*

Tsurutontan ¥

20 C2

Enormes tazones de *udon* (gruesos fideos de trigo) en estilos clásicos y novedosos (como "*udon* a la carbonara"). *11.00-8.00*

Beber

Copas con vistas

Rooftop Bar at Andaz Tokyo

21 F1

El bar de azotea más alto de Tokio corona el hotel Andaz Tokyo en Toranomon Hills. Excelentes y originales cócteles. *17.00-24.00 do-ju, hasta 1.00 vi y sa*

Stellar Garden Sky Lounge

22 F4

Las vistas de la Tokyo Tower son la atracción estelar de este bar del piso 33 de la Prince Park Tower situado en Shiba Park. *17.00-23.00 do-mi, hasta 1.00 ju-sa*

Cócteles y bebidas espirituosas

Gold Bar

23 E1

Espacio contemporáneo para cócteles clásicos en el nuevo hotel Edition en Toranomon. Tiene fama de ser un lugar de fiesta. *18.00-1.00 ma-ju, hasta 2.00 vi y sa*

Maduro

24 B2

Espacio sofisticado en la 4ª planta del Grand Hyatt en Roppongi Hills y una barra infalible de *whiskies* japoneses difíciles de encontrar. *19.00-12.30 ma-ju, hasta 13.30 vi y sa*

Agave

25 B2

Una de las mayores selecciones de tequilas y mezcales del mundo, en un ambiente tranquilo, casi reverente. *18.00-1.00 ma-ju, hasta 3.00 vi, hasta 2.00 sa, hasta 24.00 lu*

Discotecas y 'lounges'

1 Oak Tokyo

26 D3

1 Oak, donde van los famosos que están de visita, también tiene discotecas en Los Ángeles, Dubái y Shanghái y es una sala (principalmente) de *hip-hop* que está de moda. *23.00-5.00 do-ju, desde 22.00 vi y sa*

Shisha Bar Rakuen

27 B2

Se puede observar cómo el humo de la *shisha* traza dibujos en las luces de láser. Hay tabaco, cócteles y *playlists* de primera. *20.00-5.00*

Comprar

Arte y diseño

Mori Art Museum Shop

28 B2

Recuerdos de edición limitada en colaboración con artistas famosos, libros de arte y demás. Tiene un espacio mayor en West Walk (3ª planta; no hay que pagar la entrada al museo) de Roppongi Hills. *11.00-21.00*

Wise-Wise Tools

29 C1

Selecta colección de artículos para el hogar a precios razonables; es una de las tiendas de diseño de la 4ª planta de la Galleria en Tokyo Midtown. *11.00-20.00*

Living Motif

véase 3 D2

Lo último en artículos para el hogar de todo el mundo en un espacio tipo *showroom* que ocupa varios pisos en el Axis Design Center. *11.00-19.00*

Sugerencias de lugares para comer, beber y comprar en **p. 97**

Explora
Shibuya y Ebisu

Gracias a su emblemático cruce, Shibuya viene a ser como una sinopsis visual de Tokio en el imaginario mundial ¿Las multitudes, las luces resplandecientes y las colosales pantallas de vídeo que se asocian con la ciudad? Todo está aquí. Shibuya es un centro de la cultura juvenil, sobre todo de la moda, la música y la vida nocturna; es uno de los mejores sitios para salir de fiesta, de conciertos y de compras. Al sur de Shibuya está Ebisu, otro distrito comercial que está de moda (pero comedido), con tiendas, restaurantes y bares. Al oeste están los otros enclaves residenciales modernos de Daikanyama y Naka-Meguro que, junto con el vecino Shimo-Kitazawa, pueden dar otra imagen de la capital con sus edificios bajos y discretos.

Cómo desplazarse

Tren

Shibuya y Ebisu son paradas contiguas en la línea JR Yamanote. La estación de Shibuya también es la terminal de los trenes de cercanías que van a Daikanyama y Naka-Meguro (línea Tōkyu Tōyoko) o Shimo-Kitazawa (línea Keiō Inokashira).

Metro

La línea Ginza, que en la estación de Shibuya pasa por la superficie, comunica Shibuya y Asakusa. Las líneas subterráneas Fukutoshin y Hanzōmon también paran en Shibuya, y la línea Hibiya va a Ebisu y Naka-Meguro.

A pie

Hay 30 min de paseo entre Shibuya y Ebisu; a mitad de camino se puede subir a Daikanyama.

Río Meguro (p. 95).

★

LO MEJOR

Formar parte del icónico **CRUCE DE SHIBUYA** (p. 86).

Disfrutar de fotografías y cerveza en **YEBISU GARDEN PLACE** (p. 88).

Subir al mirador **SHIBUYA SKY** (p. 90).

Adquirir piezas de segunda mano en **SHIMO-KITAZAWA** (p. 93).

Ir de bares por **EBISU** (p. 95).

CIRCUITO A PIE

Descubrir los rincones de Shibuya

¿Que no se sabe por dónde empezar en Shibuya? Esta ruta recorre el principal distrito comercial, pasando por la mayoría de tiendas importantes, meros indicadores para una exploración más a fondo. El recorrido empieza en la estación de trenes de Shibuya y está también pensado para ayudarle a uno a orientarse en este barrio de colinas y tortuosas calles.

INICIO	FINAL	DURACIÓN
Estación de Shibuya	Mega Donki	1 km; 1 h

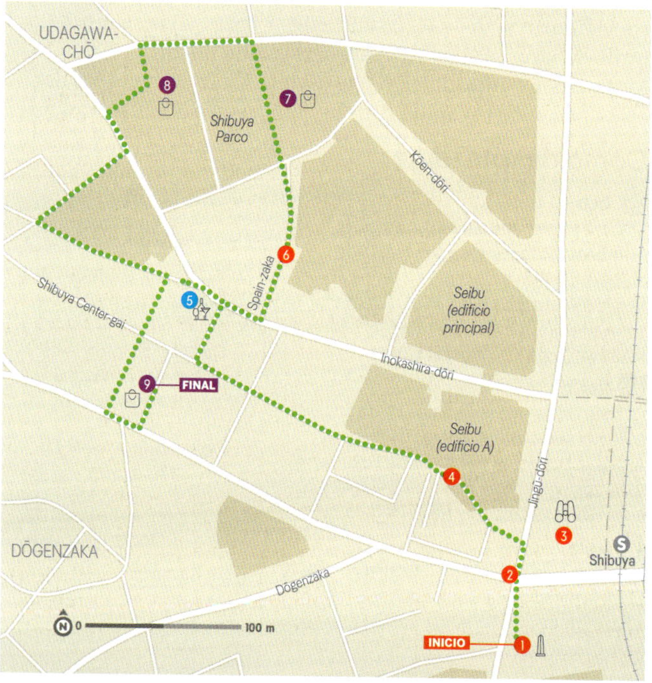

1 El punto de encuentro

Se toma la salida Hachikō –cuyo nombre se debe a la estatua del **perro 'Hachikō'** (p. 94)– de la estación de Shibuya hasta la plaza exterior de delante de la estación de trenes. Este es el punto de encuentro *de facto* de Shibuya y suele estar lleno, de día y de noche. Podría haber también camiones con megafonía, gente con letreros, equipos de grabaciones televisivas... ¡Bienvenidos a Shibuya!

2 El famoso cruce

Delante de la estación, la plaza da al abarrotado e icónico **cruce de Shibuya** (p. 86).

3 Vistas desde arriba

Hay que cruzarlo en paralelo a las vías elevadas del JR (a la derecha) para llegar a **Magnet by 109** (p. 87) y subir a la azotea para verlo desde arriba.

4 La calle principal de Shibuya

Se continúa por **Shibuya Center-gai,** la calle peatonal que atraviesa el céntrico distrito comercial de Shibuya. Está flanqueada por restaurantes de comida rápida, cadenas de moda y tiendas con sus luces de neón.

5 Localización de cine escondida

A la derecha, se pasa por un **Karaoke-kan;** una manzana más arriba y al doblar la esquina hay otro local (p. 93), donde en la sala 601 se rodó alguna escena de *Lost in Translation* (2003).

6 Una calle con encanto

Después hay que subir por **Spain-zaka** ("colina España"), quizá la calle más encantadora de Shibuya. Es peatonal como Shibuya Center-gai pero está pavimentada con ladrillo. A cada lado, hay *boutiques* y cafés en edificios vagamente mediterráneos. (Nota: en Spain-zaka hay escaleras.)

7 Central de la moda

Spain-zaka termina en la parte de atrás del centro de moda de Shibuya, **Shibuya Parco** (p. 94), donde hay tiendas y bares y restaurantes que están bien, por si se quiere descansar un rato.

8 Artículos varios

Se sale de Parco por la otra punta, y se enfila hacia otro destino emblemático de Shibuya, **Hands** (p. 99), la famosa tienda de *zakka* (artículos varios) de Tokio.

9 La tienda para todo

Hay que salir de Hands por el piso subterráneo y enfilar por las calles laterales hasta **Mega Donki** (p. 99), una versión descomunal de la icónica super tienda de Tokio. Si se sigue caminando en la misma dirección, se regresará al cruce de Shibuya y a la estación.

CIRCUITO A PIE

Huir del gentío en Daikanyama y Naka-Meguro

Daikanyama y Naka-Meguro están de moda, con *boutiques*, cafés, edificios de arquitectura interesante (moderna y tradicional) y un ritmo tranquilo, ideal si se quiere escapar de las aglomeraciones. Si no importan las cuestas, se puede subir hasta Daikanyama desde Shibuya o Ebisu. Conviene saber que muchas tiendas no abren antes del mediodía.

INICIO	FINAL	DURACIÓN
Estación de Daikanyama	Río Meguro	2 km; 2 h

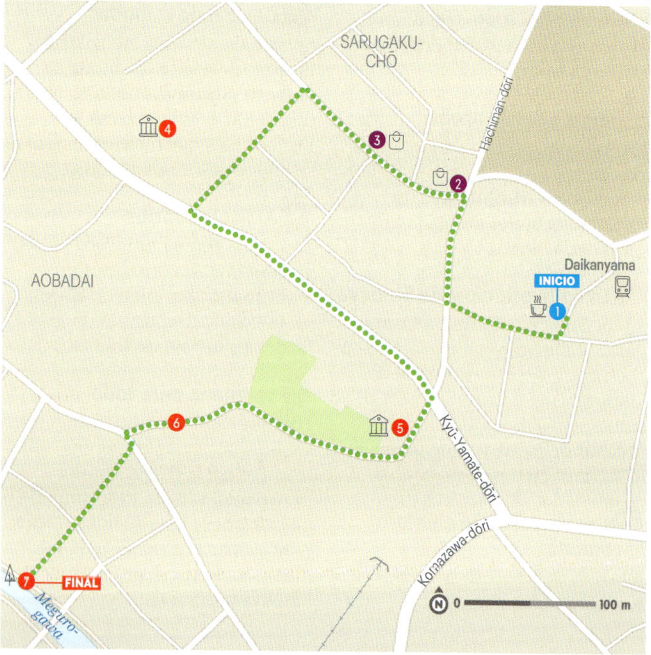

1 Café para llevar

Al salir de la estación de Daikanyama, enseguida se verá la **Motoya Espresso Express,** una furgoneta aparcada delante que vende café desde 1996 (mucho antes que se pusiera de moda). También es famosa porque sirvió cafés al equipo artístico y técnico durante el rodaje en Tokio de *Babel* (2012).

2 Tienda de discos 'indie'

Café en mano se puede salir a descubrir las inclinadas callejas de Daikanyama. Primera parada: **Bonjour Records** (p. 99). Esta tiendecita, una buena introducción al Daikanyama *hipster,* tiene una selección limitada, pero muy cuidada, de artículos de música y moda de Japón y el extranjero.

3 Moda ecológica

Okura quizá parezca fuera de lugar en el moderno Daikanyama –parece una granja– pero es una tienda emblemática del barrio que vende prendas artísticas y originales, casi todas confeccionadas con tejidos naturales y teñidas de fuerte color añil. La misma gente lleva la vecina Urara (p. 98) y Hollywood Ranch Market (p. 99), en Kyū-Yamate-dōri.

4 Arquitectura y libros

Otro punto de referencia del barrio, **Daikanyama T-Site** es obra de Klein Dytham Architecture, firma de diseño con sede en Tokio, y luce una fachada que parece tejida a modo de cestería. Alberga la Tsutaya Books Daikanyama (p. 99), librería repartida por tres edificios. Es divertido hojear la selección de revistas internacionales.

5 Interludio histórico

La **Kyū Asakura House** (旧朝倉家住宅) es un insólito ejemplo de villa de principios del s. xx; está tan escondida que muchos tokiotas no saben ni que existe. Se construyó en 1919 para la familia de un político local, está bien conservada y abre al público cada día (salvo lu). La entrada solo cuesta 100 ¥.

6 Una sinuosa pendiente

Daikanyama es un barrio cimero (*yama* significa "montaña" o "colina"). Para llegar a Naka-Meguro, hay que seguir por **Mekiri-zaka** (目切坂), una pendiente orillada con muros de piedra.

7 Paseo fluvial

En dos manzanas se llegará al **río Meguro** (p. 95), donde se puede pasear por el arbolado canal flanqueado por *boutiques* que están de moda.

★ IMPRESCINDIBLE

Cruce de Shibuya

La intersección más concurrida de Japón es un "cruce embarullado" donde todo el mundo cruza a la vez. Es un espectáculo fascinante, sobre todo visto desde arriba. Quizá resulte familiar, y es que ha aparecido en muchas películas, como *Lost in Translation*, *A todo gas: Tokyo Race* y *Kimi no Na wa*.

PLANO P. 91 **D3**

CONSEJO
Ir de día para tomar fotos aéreas del cruce desde algún mirador, o un viernes o sábado por la noche para disfrutar del espectáculo a todo volumen.

Escanea este código QR para más información sobre la entrada al Mag8.

El cruce más transitado de Japón

El cruce de Shibuya es una de las imágenes más reconocibles de Tokio, un nexo estelar de peatones que fluyen en todas direcciones, pero que logran esquivarse con una diligencia aprendida. Luego, en el tiempo que tarda en cambiar el semáforo, las esquinas vuelven a llenarse de gente, cual video en bucle.

¿Pero tanta gente hay? Se han registrado hasta 3000 personas cruzando al unísono, pero seguramente la media sea de varios centenares. En un día laborable normal, lo cruzan alrededor de 260 000 personas. La cifra aumenta los fines de semana y festivos; más de 500 000 en los días más concurridos. El cruce está delante de la estación de Shibuya, una de las más transitadas del mundo (con un tráfico estimado de tres millones de pasajeros diarios), lo que explica el volumen de personas. De hecho, cuando se va a Shibuya, es difícil no cruzarlo; para muchos tokiotas, la concurrida intersección es solo una realidad del día a día.

Vistas del cruce

El cruce también es un transitado paso de vehículos, y el semáforo solo da el tiempo justo para cruzar. En lugar de entorpecer el tráfico haciendo fo-

SEAN PAVONE/SHUTTERSTOCK ©

tos, hay que ir a un edificio cercano para hacerlas mejor desde arriba. Al cruzar la calle, **Magnet by 109,** un estrecho centro comercial de siete pisos, tiene un mirador muy bien situado. La entrada al mirador, llamado **Mag8,** cuesta 1500 ¥ (con bebida incl.). Hay algunas mesas para relajarse, donde también se pueden poner los pies en alto.

Una esquina más allá –y contiguo a la calle peatonal **Shibuya Center-gai**– está el **edificio Q-Front** (antes tenía un mirador, pero en el momento de redactar esta guía había reformas y no se sabe si volverán a abrirlo). Por otra parte, Shibuya Sky (p. 90), el mirador del edificio más alto del barrio, ofrece unas vistas de vértigo. En la estación de Shibuya, se puede ver (gratis) el cruce desde el pasaje elevado de delante del mural de Tarō Okamoto.

UNA PAUSA

Magnet by 109 tiene una zona de restauración en la 7ª planta, justo debajo de Mag8; al redactar esta guía estaba cerrado por reformas, pero solía haber mostradores de comida económica.

★ IMPRESCINDIBLE

Yebisu Garden Place

Este complejo polifacético, sito en el emplazamiento de la primera cervecera Yebisu, cuenta con dos atracciones recomendables: Yebisu Brewery Tokyo, una nueva cervecera y taberna, y el Museo de Arte Fotográfico de Tokio. También cuenta con una agradable plaza central, donde se montan mercadillos y eventos artísticos.

PLANO P. 92 **F4**

UNA PAUSA
Yebisu Garden Place cuenta con cafés, restaurantes y bares, más la única **Blue Seal** (p. 97) de Tokio, una marca de helados de Okinawa muy querida. En la plaza hay algunas terrazas.

Escanea este código QR para información de eventos en Yebisu Garden Place.

Yebisu Brewery Tokyo

Yebisu, ahora una popular marca *premium* de Suntory, es una de las cervezas más antiguas de Japón. Se empezó a elaborar aquí en una fábrica de ladrillo rojo en la década de 1890, dando su nombre al barrio: Ebisu es una transcripción moderna de Yebisu. Aunque la primera fábrica cerró en la década de 1980 (para dejar espacio al Yebisu Garden Place), en el 2024 se inauguró la **Yebisu Brewery Tokyo** y ahora ya vuelve a elaborarse cerveza en Ebisu.

Aquí se produce la Yebisu Infinity, una nueva cerveza "prototipo", que se puede probar junto a otras cervezas Yebisu, como las de edición limitada y de temporada, en la cervecería de la casa. En los circuitos de 20 min (gratis y sin reserva) se puede ver material de archivo de la historia de Yebisu. Y la tienda de objetos de regalo vende *merchandising* de la marca que solo se encuentra aquí.

Museo de Arte Fotográfico de Tokio

Este museo, también llamado Museo TOP, es una institución cultural local y otro lugar destacado de Ebisu. Programa una docena de exposiciones al año en sus tres espacios; cada uno con entrada propia, para que uno pague solo por lo que quiere ver, ya sea la retrospectiva de un artista destacado o una muestra de futuras promesas.

YU_PHOTO/SHUTTERSTOCK ©

En febrero el museo programa el **Yebisu International Festival for Art & Alternative Visions,** que incluye sesiones de cine en la sala subterránea. Aquí también hay una tienda de **Nadiff,** una excelente librería de arte.

La plaza central

Ebisu debe parte de su imagen chic a la gran plaza cubierta (en la foto) en el centro de Yebisu Garden Place, donde hay eventos casi cada fin de semana, como el mercado agrícola ecológico, el **Yebisu Marché,** que se monta el segundo y cuarto domingo del mes, y acontecimientos estacionales como un mercado navideño. Varias veces al año también se celebran conciertos. De principios de noviembre a Año Nuevo, se viste con una preciosa iluminación por la noche, considerada de las mejores de la ciudad.

¿CON GANAS DE MÁS YEBISU?

Cuando la taberna de la cervecera cierra (18.00 o 19.00 entre semana), se puede seguir en **Yebisu Bar Stand** (p. 95), en la entrada a Yebisu Garden Place.

★ IMPRESCINDIBLE

Shibuya Sky

Las mejores vistas de Shibuya son desde el mirador Shibuya Scramble Square, en el piso 46 y al aire libre. En días despejados, se puede divisar el monte Fuji. Por la noche, el reclamo es el deslumbrante paisaje nocturno de Tokio, cuyas luces se pierden en el horizonte.

PLANO P. 91 **D4**

CONSEJO
Shibuya Sky abre cada día de 10.00 a 22.30, pero la lluvia, el viento, el calor extremo o cualquier inclemencia meteorológica pueden provocar el cierre de la azotea.

Escanea este código QR para más información sobre Shibuya Sky.

Qué ver

Shibuya Sky tiene miradores interiores y exteriores (los segundos, al aire libre y en la azotea). Los parapetos transparentes casi desaparecen por completo en las fotos, y hay otros elementos del diseño que molan, como las hamacas de obra en la terraza. Desde arriba uno podrá fijarse en el cruce de Shibuya, la Tokyo Tower y la Tokyo Skytree. Se puede utilizar la brújula gigante para guiarse (el monte Fuji está al oeste) y seguir las rayas blancas hasta las esquinas donde tomar las mejores fotos.

La azotea también es un lugar popular al atardecer; la gente va temprano para conseguir los mejores sitios. No está permitido subir demasiadas cosas; los teléfonos y cámaras sí, pero casi todo lo demás hay que dejarlo en una taquilla (gratis con un depósito de 100 ¥).

Shibuya Sky por la noche

Entre abril y noviembre, parte de la azotea se convierte en **The Roof,** un bar donde se puede estar un tiempo limitado y que abre a media tarde; hay que reservar con antelación.

Algunas noches se celebran eventos, como sesiones de DJ y fiestas para ver las estrellas, y cada noche hay espectáculos de luz cada 1½ h a partir de las 19.00. La última entrada es a las 21.20.

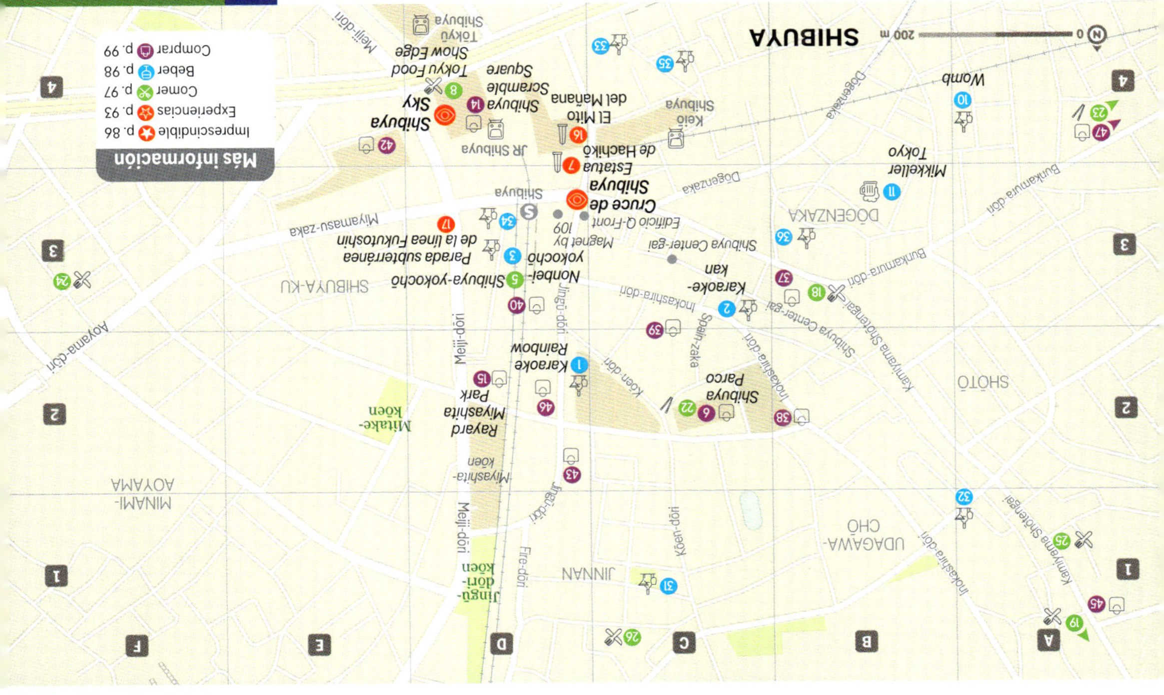
Más información
Imprescindible p. 86
Experiencias p. 93
Comer p. 97
Beber p. 98
Comprar p. 99
SHIBUYA
200 m
Shibuya Sky
Tokyu Food Show Edge
Tōkyū Shibuya
Shibuya Scramble Square
JR Shibuya
El Mito del Mañana
Keiō Shibuya
Estatua de Hachikō
Cruce de Shibuya
Edificio Q-Front
Magnet by 109
Shibuya
Parada subterránea de la línea Fukutoshin
Miyamasu-zaka
Shibuya-yokochō
Nonbei-yokochō
SHIBUYA-KU
Karaoke Rainbow
Rayard Miyashita Park
Miyashita-kōen
Mitake-kōen
MINAMI-AOYAMA
Aoyama-dōri
Meiji-dōri
Jingū-dōri
Jingū-dōri-kōen
Fire-dōri
JINNAN
Kōen-dōri
Shibuya Parco
Karaoke-kan
Spain-zaka
Inokashira-dōri
Shibuya Center-gai
Kamiyama Shōtengai
Bunkamura-dōri
Dōgenzaka
DŌGENZAKA
Mikkeller Tokyo
Womb
SHŌTŌ
UDAGAWA-CHŌ

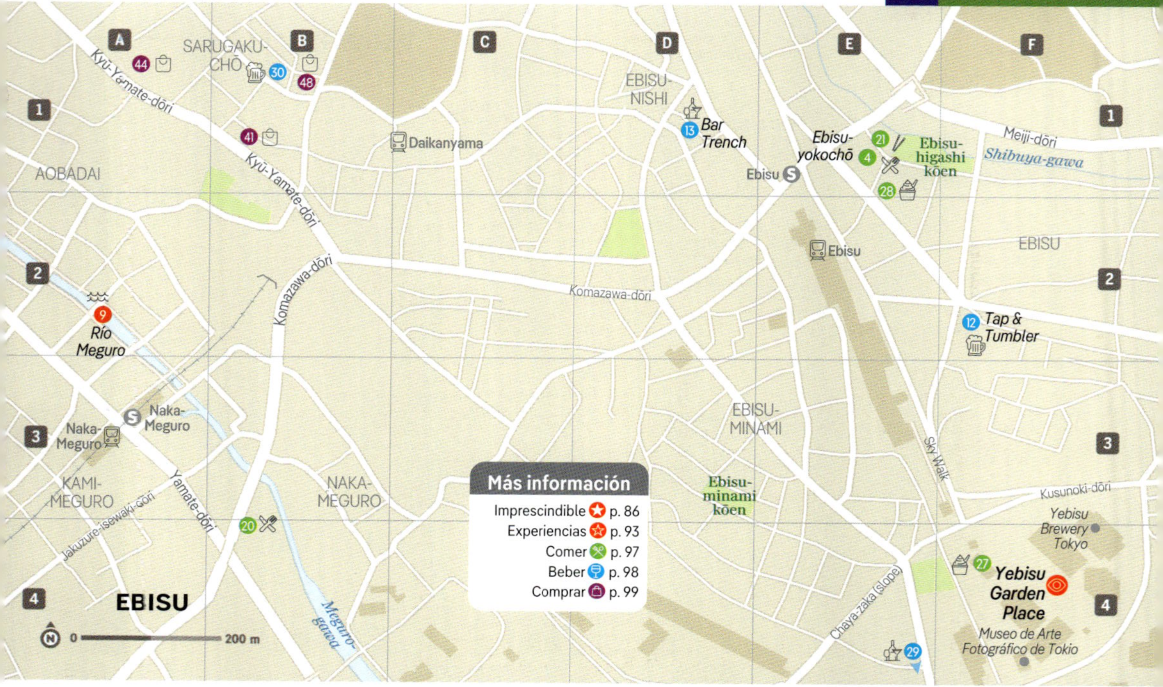
EBISU
0 200 m
A
B
C
D
E
F
1
2
3
4
SARUGAKU-CHŌ
AOBADAI
EBISU-NISHI
EBISU
EBISU-MINAMI
NAKA-MEGURO
KAMI-MEGURO
Kyū-Yamate-dōri
Komazawa-dōri
Meiji-dōri
Shibuya-gawa
Yamate-dōri
Jakuzure-isewaki-dōri
Meguro-gawa
Sky Walk
Kusunoki-dōri
Chaya-zaka (slope)
Daikanyama
Ebisu
Naka-Meguro
44
30
48
41
9
Río Meguro
20
13
Bar Trench
Ebisu-yokochō
21
4
28
Ebisu-higashi kōen
Ebisu-minami kōen
12
Tap & Tumbler
27
Yebisu Garden Place
Yebisu Brewery Tokyo
Museo de Arte Fotográfico de Tokio
29
Más información
Imprescindible p. 86
Experiencias p. 93
Comer p. 97
Beber p. 98
Comprar p. 99

EXPERIENCIAS

Cantar a pleno pulmón en un karaoke
CULTURA POP

El karaoke ha sido un pilar de la vida nocturna de Tokio durante décadas. La mayoría de salones abren de 11.00 a 5.00. Shibuya cuenta con varios, con pisos y pisos de salas privadas e insonorizadas de diferentes tamaños; se puede ir en pareja, en grupo, en familia e incluso solos. Hoy el lugar más de moda es **Karaoke Rainbow** (PLANO: 1 P. 91 **D2**), en el edificio Modi, pero también hay otros de cadenas como Big Echo, **Karaoke-kan** (PLANO: 2 P. 91 **C3**) y Uta Hiroba que nunca fallan. Todos tienen largas listas de canciones y precios competitivos.

En todos hay que registrarse en el vestíbulo al llegar para reservar una sala; muchos sitios ofrecen también paquetes con barra libre.

Compras de segunda mano en Shimo-Kitazawa
DE COMPRAS

Shimo-Kitazawa está a 5 min en tren de la estación de Shibuya (en la línea Keiō Inokashira) pero tiene un ambiente totalmente distinto. Este distrito residencial de edificios bajos tiene calles enmarañadas y estrechas y un *ethos* creativo que queda demostrado en todas esas tiendecitas y restaurantes independientes, teatros alternativos y salas de conciertos de música *indie*.

"Shimokita" -así lo conocen los lugareños- es también uno de los mejores sitios para comprar artículos de segunda mano. Hay docenas de tiendas cerca de la estación; todas pequeñas pero exquisitamente cuidadas, decoradas más como *boutiques* que como lo que son, con precios justos para piezas, en

CALLEJUELAS DONDE COMER Y BEBER

Para una experiencia muy del barrio, hay que ir a un *yokochō*, un callejón con muchos restaurantes y bares pequeños para elegir.

Nonbei-yokochō

PLANO: 3 P. 91 **D3**

La emblemática y destartalada aunque chic zona de copas de Shibuya, al lado de las vías elevadas de JR. La mayoría de bares cobran una pequeña entrada, y el horario varía.

Ebisu-yokochō

PLANO: 4 P. 92 **E1**

Este *neo-yokocho*, una calleja retro para comer, en versión contemporánea, se llena de lugareños. Abre de 17.00 hasta tarde; quien quiera sentarse debería ir pronto.

Shibuya-yokochō

PLANO: 5 P. 91 **D3**

Del mismo equipo de Ebisu-yokochō, con terrazas y restaurantes con especialidades de todo el país. Abre de 11.00 a 5.00.

LA HISTORIA DE 'HACHIKŌ'

Hachikō (ハチ公) es el nombre de la pequeña **estatua de un perro** (PLANO: 7 P. 91 **D4**) que hay delante de la estación de Shibuya. Rinde homenaje a un perro que existió cuya historia es muy conocida hoy. El *Hachikō* en cuestión, de raza akita, recibía a su dueño, un profesor local, cuando volvía a casa del trabajo en la estación de Shibuya. Incluso después de la muerte del profesor, el perro siguió visitando la estación cada noche hasta el día que murió, 10 años más tarde. Los medios de comunicación se hicieron eco de la historia y el país se enamoró del leal y resuelto *Hachikō*, lo que le valió una estatua en la plaza delantera de la estación.

general, de buena calidad. También es un buen sitio para salir a buscar discos de segunda mano, p. ej. en Flash Disc Ranch (p. 99). Es fácil pasarse horas aquí, saltando entre tiendas, pero la mayoría no abren antes del mediodía.

Pasar el rato en Shibuya Parco

DE COMPRAS

PLANO: 6 P. 91 **C2**

Shibuya Parco, que no es exactamente unos grandes almacenes ni un centro comercial, ha sido una institución de la moda de Shibuya durante décadas. Se sometió a un proceso de renovación que duró varios años y terminó en el 2019, en un intento por reafirmar su relevancia. Se puede echar un vistazo a la cuidada selección de primeras marcas y otras más prometedoras, o comprar *merchandising* de Nintendo y Pokémon en la planta "Cyberspace Shibuya".

Pero no solo hay tiendas minoristas. Parco tiene toneladas de cosas más, como el **Cine Quinto,** de arte y ensayo, y un espacio expositivo para artistas pop y creadores jóvenes, el **Parco Museum Tokyo.** En la azotea también está el café-bar **Commune,** ideal para unas copas al atardecer; en la zona de restauración del sótano, hay restaurantes informales muy de moda, como el Jikasei Mensho (p. 97).

Ir bajo tierra para probar exquisiteces en Tokyu Food Show Edge

GASTRONOMÍA

PLANO: 8 P. 91 **D4**

En las plantas subterráneas de Shibuya Scramble Square –el centro comercial de debajo de Shibuya Sky– está uno de los mejores *depachika* (zona de restauración *gourmet* subterránea) de Tokio, **Tokyu Food Show Edge:** dos plantas de exquisiteces, con muchos dulces y delicatesen. En la superior hay pasteles y repostería, y dulces –como los *wagashi*– en bonitos paquetes para regalo. En la inferior hay *bentō*, sets de *sushi* y ensaladas, que se pueden comer en una zona informal central. También hay algunos sitios pequeños para sentarse a disfrutar de una comida sencilla pero de primera.

Pasear por el río Meguro

AL AIRE LIBRE

PLANO: 9 P. 92 **A2**

El **río Meguro** (Meguro-gawa) atraviesa varios barrios residenciales de moda antes de llegar a la bahía de Tokio. Entre Naka-Meguro y Meguro, sus orillas están bordeadas de cerezos y, en primavera, la gente se reúne quí para las *hanami* (fiestas para contemplar los cerezos en flor).

En Naka-Meguro, el río se convierte en una suerte de canal y los árboles en flor forman un túnel rosa; es uno de los lugares más poéticos (y fotogénicos) para ver la floración, aunque se llena mucho de gente. En este tramo también hay cafés y *boutiques* de moda.

Se puede llegar con la línea Hibiya desde Ebisu o la línea Tōkyu Tōyoko desde Shibuya, y apearse en la estación de Naka-Meguro. O se puede ir a pie desde Daikanyama o (de subida) desde Ebisu.

Salir de fiesta por Dōgenzaka

VIDA NOCTURNA

En Tokio, es más fácil que las colinas tengan nombre que las calles, y Dōgenzaka ("colina de Dōgen") es una de ellas, que debe su nombre a un salteador de caminos del s. XIII. Hoy, Dōgenzaka es la zona de Shibuya donde se concentra el mayor número de discotecas, *live houses* (salas de conciertos que parecen discotecas) y bares.

Aquí están **Womb** (PLANO: 10 P. 91 **A4**), la discoteca más famosa de Shibuya, y la cervecería artesana **Mikkeller Tokyo** (PLANO: 11 P. 91 **B3**) que está de moda. Para localizar estos (y otros) locales, se tendrán que recorrer las sinuosas calles sin nombre de Dōgenzaka. Conviene saber que está zona tiene mala fama por la embriaguez en público, sobre todo conforme avanza la noche.

Aunque los bares se llenan toda la semana, las discotecas están mejor los viernes y sábados por la noche, después de medianoche.

De bares por Ebisu

VIDA NOCTURNA

Ebisu se suele considerar la "Shibuya para adultos", pues es el lugar de moda al que los profesionales liberales van para gastarse sus yenes. Hay calles laterales llenas de barecitos, *izakayas* (tabernas) y restaurantes que llevan sus propios dueños.

Quizá el viajero haya empezado la ruta en la Yebisu Brewery Tokyo, pero hay otros sitios donde beberse una Ebisu, como **Yebisu Bar Stand,** cerca de la entrada a Yebisu Garden Place. El barrio también es conocido por sus "bares para estar de pie", que tienen barras o pequeñas mesas pero sin sillas (quizá algún taburete, pero nada para apalancarse). Son económicos y divertidos para una ruta de

LOS MEJORES CENTROS COMERCIALES DE SHIBUYA

Los centros comerciales de Shibuya no tienen desperdicio, con tiendas con las últimas tendencias y lugares fabulosos para comer (más wifi gratis y lavabos bonitos).

Shibuya Scramble Square
PLANO: 14 P. 91 **D4**
El centro comercial alojado en la base del Shibuya Sky tiene pequeños puntos de venta de algunas de las mejores tiendas de la zona, como Hands, Tsutaya Books y Bonjour Records, más Tokyu Food Show Edge en la planta subterránea.

Rayard Miyashita Park
PLANO: 15 P. 91 **D2**
Este centro comercial bajo, con su *skatepark* en la azotea, está bien para prendas para actividades al aire libre, ropa deportiva y artículos 100% tokiotas en la Shibuya Souvenir Store. Además, aquí está Shibuya-yokochō.

copeo; se podría probar en **Tap & Tumbler** (PLANO: 12 P. 92 **F2**), una cervecería artesana 'futurista' donde se compra la cerveza por onzas líquidas y uno mismo se la sirve del tirador. Tiene un buen surtido de cervezas japonesas y queda cerca de la estación JR de Ebisu.

También hay coctelerías elegantes, como **Bar Trench** (PLANO: 13 P. 92 **D1**), que se ha popularizado tanto que ha ampliado el negocio a varios locales cercanos (Trench Annex, Tram y Triad).

Visitar la estación de Shibuya para ver arte y arquitectura

ARTE PÚBLICO

Muchas de las principales estaciones de trenes de Tokio albergan interesante arte público, pero la estación de Shibuya tiene un mural que vale la pena ver. **'El Mito del Mañana'** (PLANO: 16 P. 91 **D4**), creado en 1967 por el artista japonés Tarō Okamoto, plasma (en abstracto) la explosión de la bomba atómica en Hiroshima en agosto de 1945. Además esconde una historia interesante: esta inquietante obra de 30 m de longitud la encargó un hotel de lujo mexicano, pero desapareció dos años más tarde; finalmente apareció en el 2003 y, en el 2008, se instaló en un corredor interior de la estación de Shibuya. Está en un pasaje elevado que comunica con la línea Keiō Inokashira (la que va a Shimo-Kitazawa).

Los aficionados a la arquitectura, por su parte, deberían bajar a la **parada subterránea** (PLANO: 17 P. 91 **D3**) de la línea Fukutoshin, varios pisos por debajo de la estación de Shibuya. Diseñada por Tadao Ando, parece una nave espacial de hormigón (o el fósil de una civilización pretérita).

Lo mejor para...

¥ Económico ¥¥ Medio ¥¥¥ Alto

Localizaciones en el plano de las pp. 91 y 92

Comer

Sándwiches y bollería

Viron ¥
18 P. 91 B3
La mejor panadería de Shibuya con sándwiches, cruasanes y bollería hechos con harina importada de Francia. Para llevar (o comer en la *brasserie* del piso de arriba). *9.00-17.00*

Camelback ¥
19 P. 91 A1
Barra *hipster* que sirve cafés con leche y pequeños sándwiches, solo para llevar; su sándwich de la casa es el de tortilla (es necesario pedir bebida). *8.00-18.00*

Huit ¥
20 P. 92 B4
Brasserie de Naka-Meguro que sirve *pizzas* (pequeñas), pastas y ensaladas, más pastelitos, café, vino y cerveza. Al lado del río y de una factura muy rústica. *12.00-22.00 do-ju, hasta 23.00 vi y sa*

'Ramen' y sopa de curri

Afuri ¥
21 P. 92 E1
Célebre por sus *ramen yuzu-shio*, servidos en un caldo ligero y salado con aroma a *yuzu*. El local de Ebisu fue el primero, pero ahora tiene más locales en Naka-Meguro y Roppongi Hills. *11.00-5.00*

Jikasei Mensho ¥
22 P. 91 C2
Tantanmen (fideos picantes al estilo de Sichuan) veganos, con caldo espesado con pasta de sésamo; está en la planta subterránea de Parco. *11.30-21.30*

Magic Spice ¥
23 P. 91 A4
Para una "sopa de curri", un plato popular de Sapporo, no hay mejor sitio en ShimoKitazawa. Es muy colorido. *11.30-15.00 y 17.30-22.30 lu, ju y vi, 11.30-22.30 sa y do*

Bistrós con rollo

Out ¥¥
24 P. 91 F3
Pasta hecha a mano con trufa recién rallada espolvoreada por encima y acompañada por tintos complejos y Led Zeppelin en vinilo. Esto y solo esto, en una bocacalle de Aoyama-dōri; mejor reservar. *17.00-21.00*

Pignon ¥¥
25 P. 91 A1
Garito de barrio que cuenta con platos franceses de fusión elaborados con ingredientes ecológicos de pequeños productores. *18.30-22.30 lu-sa*

Café y helados

Ash (æ) ¥
26 P. 91 C1
Cafetería pionera en residuos cero que sirve impecables cafés con leche, cócteles de café y dulces. *12.00-24.00*

Blue Seal ¥
27 P. 92 F4
Es una de las marcas más célebres de Okinawa, con sabores únicos como el *blue wave:* helado de refresco de lima-limón con tropezones de piña. *11.00-22.00*

Ouca ¥
28 P. 92 E1
Heladería de Ebisu con sabores japoneses como

kurogoma (sésamo negro) y *beni imo* (boniato púrpura). *11.00-23.00*

Beber

Cerveza artesana y sake

Mikkeller Tokyo

véase 11 P. 91 B3

Cervezas experimentales del pionero "cervecero errante" danés Mikkel Borg Bjergsø en Dōgen-zaka. Cuesta un poco encontrarlo. *16.00-24.00 lu-ju, hasta 1.30 vi, 14.00-1.30 sa, 14.00-24.00 do*

Another 8

29 P. 92 E4

Cerveza artesana japonesa y sake de pequeños productores, en un garaje renovado de Meguro. El interior es minimalista. *17.00-24.00 lu-vi, desde 15.00 sa, desde 12.00 do*

Urara

30 P. 92 B1

Parece un jardín trasero y sirve cerveza artesana ecológica de Karuizawa y *amazake*, una bebida dulce de arroz fermentado y sin alcohol, elaborada *in situ. 12.00 a 18.00, cerrado ma y los días de lluvia*

Cócteles creativos

SG Club

31 P. 91 C1

Bebidas complejas y conceptuales del galardonado Shingo Gokan; se aconseja reservar. *17.00-2.00 do-ju, hasta 3.00 vi y sa*

Bellwood

32 P. 91 A1

Cócteles de otro tokiota legendario, Atsushi Suzuki, en un espacio que recuerda a los *kissa* (café-bares) de principios del s. xx de Tokio; se recomienda reservar. *18.00-2.00*

Bar Trench

véase 13 P. 92 D1

Cócteles originales hechos con infusiones de hierbas, absenta y bíters en un entorno bohemio de otra época en Ebisu. De estar lleno, el hermanado bar Tram queda cerca. *18.00-2.00*

Bares con DJ y discotecas

Womb

véase 10 P. 91 A4

Discoteca de *house* y *techno* de Shibuya, donde se puede ver a algún DJ estelar pinchando para una multitud entregada. *Horario variable*

Cé La Vi Club Lounge

33 P. 91 C4

Enclave en Tokio del famoso local nocturno que está en lo alto de Marina Bay Sands en Singapur, con terraza, servicio VIP de mesas y una clientela poco preocupada en cómo vestir. *22.00-4.00 ma-sa*

DJ Bar Bridge

34 P. 91 D3

Un lugar informal (¡y pequeño!) para relacionarse al ritmo de la música, justo al lado de la estación de Shibuya, con vistas al embarullado cruce. *20.00-5.00 lu-sa*

Oath

35 P. 91 C4

Decorado con oro, espejos y glamur barato, es un bar fiestero de la época de la sordidez *indie* que no puede parar, ni parará. *20.00-4.00 lu-ju, hasta 9.00 vi y sa*

Ruby Room

36 P. 91 B3

Lounge pequeño y reluciente –como estar en una bola de discoteca– con DJ y conciertos, más una veterana noche de micro abierto (cada ma). *19.00-2.00 do-ju, hasta 4.00 vi y sa*

Comprar

Recuerdos únicos

Mega Donki

37 P. 91 B3

"Donki" (abreviatura de Don Quijote) es una tienda japonesa a lo bestia y una institución tokiota (aunque una "Mega Donki" es una Donki a lo bruto). Tiene Kit-Kat de todos los sabores. *24 h*

Hands

38 P. 91 B2

La tienda de *zakka* más famosa de Tokio, con ocho plantas con todo lo que uno no sabía que necesitaría (p. ej., zapatillas de reflexología y mascarillas faciales de veneno de abeja). *10.00-21.00*

Loft

39 P. 91 C2

Elegantes y asequibles artículos de papelería, accesorios y demás. Si no se sabe qué comprar como *souvenir,* en la planta baja hay sugerencias muy bien presentadas. *11.00-21.00*

Shibuya Souvenir Store

40 P. 91 D3

Artículos de edición limitada con la marca Shibuya estampada –desde café y dulces a bolsos de tela y vasos–, producidos en colaboración con artistas locales. *11.00-21.00*

Moda y tendencias

Hollywood Ranch Market

41 P. 92 B1

Esta *boutique,* que combina ropa estadounidense informal con el diseño japonés, ayudó a situar Daikanyama como un distrito de la moda. Apuesta fuerte por los materiales naturales y reciclados. *11.00-19.00 lu-vi, hasta 20.00 sa y do*

d47 design travel store

42 P. 91 E4

Los mejores artículos artesanos para el hogar –de cerámica a escobas– de las 47 prefecturas de Japón; está en el interior del Hikarie. *11.00-20.00*

Nude Trump

43 P. 91 D2

Tienda de segunda mano para fiesteros sin presupuesto. Cerca de Tower Records, es diminuta y difícil de encontrar. *13.00-21.00 lu-sa*

Libros y música

Tsutaya Books Daikanyama

44 P. 92 A1

Libros en varios idiomas de arte, diseño, arquitectura, moda, viajes y más en un espacio tipo galería. *9.00-22.00*

Shibuya Publishing & Booksellers

45 P. 91 A1

Librería independiente con revistas de arte, gastronomía y viajes y publicaciones de editoriales pequeñas (algunas en inglés). *11.00-21.00*

Tower Records

46 P. 91 D2

De las pocas tiendas Tower Records que quedan en el mundo, una está en Shibuya, en este emblemático edificio amarillo; en la planta baja hay zonas para escuchar los discos. *11.00-22.00*

Flash Disc Ranch

47 P. 91 A4

A los buscadores de rarezas, discos descatalogados, etc. les encanta este sitio de Shimo-Kitazawa; hay que buscar la colorida entrada (y los garabatos de los famosos en la escalera). *12.00-20.00 ju-lu*

Bonjour Records

48 P. 92 B1

Enclave *hipster* en Daikanyama con música *indie,* fanzines, ropa urbana y *merchandising* promocional. *11.00-19.00*

Sugerencias de lugares para comer, beber y comprar en **p. 113**

Explora
Harajuku y Aoyama

Harajuku (原宿) es el famoso distrito de la moda de Tokio, donde las calles son pasarelas en las que la gente pasea sus *looks*. Es divertido para salir a comprar (y ver escaparates), inspirarse o pasar el rato; hay cafés, restaurantes, puestos de comida... El barrio está dividido en dos partes por un bulevar, Omotesandō (表参道), con sus amplias y arboladas aceras –lo llaman los "Campos Elíseos de Tokio"–. Por otra parte, las calles laterales son un laberinto enmarañado al que llaman "Ura-Hara", donde están las *boutiques* más pequeñas y atrevidas y tiendas *vintage* únicas.

En la otra punta de Omotesandō está Aoyama (青山), un distrito residencial chic con más cafés y *boutiques*. Los dos barrios están más concurridos de día, sobre todo los fines de semana, y de noche son tranquilos.

Cómo desplazarse

Tren

Harajuku está a una parada de Shibuya en la línea JR Yamanote (y a dos paradas de Shinjuku). La estación es pequeña y puede estar abarrotada, pero es fácil orientarse.

Metro

Hay dos estaciones de metro prácticas: Meiji-jingū-mae (líneas Chiyoda y Fukutoshin), al lado de la estación JR de Harajuku, y Omotesandō (líneas Chiyoda, Ginza y Hanzōmon), en el extremo del bulevar que da a Aoyama. Hay que fijarse bien en la salida que se necesita.

A pie

Hay 15-20 min a pie entre Harajuku, Aoyama y Shibuya.

Edificio Prada (p. 109).
ANDRESGARCIAM/GETTY IMAGES ©

LO MEJOR

Experimentar la paz en el **MEIJI-JINGŪ** (p. 104).

Visitar el magnífico **MUSEO NEZU** (p. 107).

Divertirse en el **YOYOGI-KŌEN** (p. 109).

Contemplar arquitectura puntera en **OMOTESANDŌ** (p. 109).

Seguir la moda en **TAKESHITA-DŌRI** (p. 109).

CIRCUITO A PIE

Una ruta completa por Harajuku

Empezar temprano compensa en Harajuku: cuanto más pronto se llegue al Meiji-jingū, más serena será la experiencia. Y se tendrá más tiempo para visitar otros lugares de interés del barrio, que incluye arquitectura contemporánea, arte tradicional y las últimas tendencias en moda. También hay buenos lugares donde comer y beber por el camino.

INICIO	FINAL	DURACIÓN
Estación de Harajuku	Takeshita-dōri	2 km; 1½ h

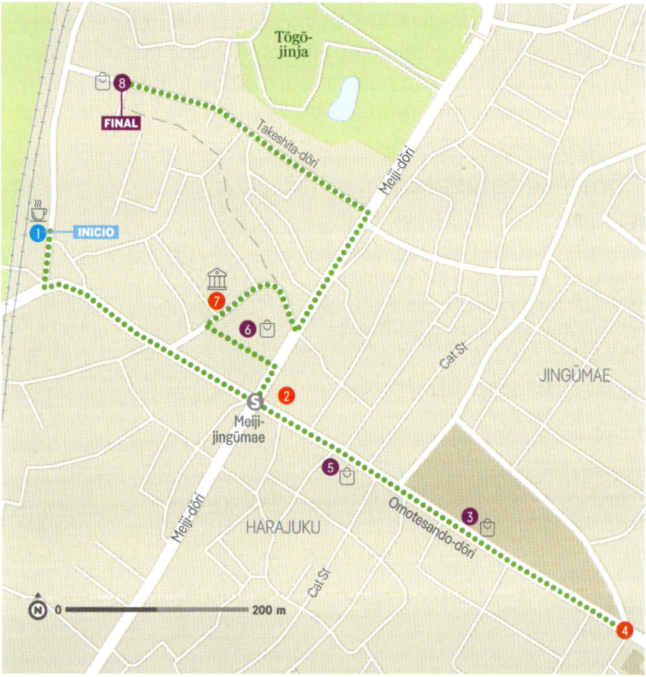

1 Después de la atracción principal

Tras la visita temprana al Meiji-jingū (p. 104), se puede cruzar a pie el bosque urbano hasta el **Sarutahiko Coffee The Bridge,** encima de la estación JR de Harajuku, para reponer fuerzas. Esta institución de Ebisu abre a las 8.00 y es conocida por sus cafés de goteo y sus cafés exprés preparados con grano de origen único.

2 Posible foto de rigor

De nuevo en la calle, es imposible no ver el **Tokyu Plaza Omo-Hara,** con su entrada de espejos, un lugar muy socorrido para hacerse la foto de rigor y constatar que "se ha estado en Harajuku". bills Omotesandō (p. 113) está en la 7ª planta, por si apetece un *brunch*.

3 Centro comercial de diseño

Al lado hay otro centro comercial totalmente diferente. **Omotesandō Hills,** diseñado por el arquitecto Tadao Ando, es una obra discreta y minimalista de hormigón y cristal. Yasaiya Mei (p. 113) y Jean-Paul Hévin (p. 114) están aquí por si se quiere descansar.

4 Gran bulevar

Siguiendo con el paseo por **Omotesandō** (p. 109), hay que fijarse en otros centros comerciales y tiendas de curiosa arquitectura. Para cruzar la calle hay un puente peatonal que ofrece vistas privilegiadas del bulevar.

5 Juguetería emblemática

De regreso a Harajuku se verá a la izquierda la juguetería **Kiddy Land,** que forma parte de la historia de Harajuku (abrió en 1950). Este emporio del juguete de cuatro pisos tiene artículos de papelería, peluches y accesorios de todos los personajes de Sanrio (Hello Kitty, Twin Stars, Rilakkuma). Quien quiera almorzar puede ir al informal restaurante de *dumplings* Harajuku Gyōza-rō (p. 113), al doblar la esquina.

6 Tienda que marca tendencia

De vuelta al cruce principal, se puede ir a los grandes almacenes de Harajuku, los famosos **Laforet** (p. 114), donde se pueden comprar marcas comerciales en los pisos superiores y propuestas más transgresoras en los inferiores.

7 Inesperado museo de arte

Delante de la salida trasera está el **Museo de Arte Conmemorativo Ukiyo-e Ōta** (p. 110), especializado en *ukiyo-e* (xilografías tradicionales). Se puede tardar 1 h en ver este pequeño museo.

8 La famosa calle de la moda

De vuelta al meollo, se puede subir por **Takeshita-dōri** (p. 109), la calle comercial por excelencia de Harajuku. Quien prefiera empezar desde arriba puede enfilar por las calles laterales de detrás del museo en dirección a la estación de Harajuku.

★ IMPRESCINDIBLE

Meiji-jingū

El Meiji-jingū (明治神宮; santuario Meiji) es algo que hay que ver –y raras veces decepciona–. Este monumental santuario sintoísta de madera sin barnizar está en un bosque de 69 Ha (más grande que el Yoyogi-kōen). Muy popular también entre los tokiotas, es un lugar fabuloso para ver y participar de la cultura tradicional japonesa.

PLANO P. 108 **B1**

CONSEJO
El recinto del santuario (gratis) abre al amanecer (el jardín, el café y los quioscos a las 9.00); las puertas cierran al anochecer (en invierno puede ser a las 16.00).

Escanea este código QR para más información sobre el santuario Meiji.

Santuario en un bosque urbano

La entrada al Meiji-jingū está señalizada con la primera de las tres excelsas *torii*, las elegantes puertas que recuerdan a la letra pi e indican la entrada al sagrado recinto sintoísta. Desde aquí, un ancho camino de gravilla enfila por la espesura de los árboles hasta el santuario principal (se tardan 15 min), una sala iluminada con farolillos con un espectacular tejado de cobre en un claro que hay más allá de la última puerta monumental.

Aunque todo el complejo parezca intemporal (o sacado del Japón rural), el Meiji-jingū se creó en 1920. Está dedicado al emperador Meiji y la emperatriz Shōken, cuyo reinado [1868-1912] coincidió con la transformación de Japón de estado aislacionista y feudal a nación imperialista.

El bosque, que es de la misma época, lo plantaron voluntarios con cientos de árboles donados desde todo Japón. Como se considera sagrado y está pensado para florecer durante generaciones, se ha dejado intacto desde entonces. De ahí que no se pueda salir de los caminos; sin embargo, sí se puede disfrutar del aire fresco que este insólito bosque urbano regala (y así liberarse de todo ese estrés que provoca la ciudad).

NINA ALIZADA/SHUTTERSTOCK ©

Jardín secreto

En el recinto se suele pasar por alto el **Meiji-jingū Gyoen** (明治神宮御苑), un jardín anterior a la creación del santuario. Antaño formaba parte de una finca feudal que después pasó a ser una propiedad imperial; cuenta con senderos, bancos para sentarse a meditar y un estanque con *kois* de colores y tortugas al sol. En él destaca el jardín de lirios, una añadidura personal del emperador Meiji que diseñó para complacer a la emperatriz. La pareja lo frecuentaba, quizá por eso se eligió como lugar para construir el santuario.

La entrada cuesta 500 ¥, no hay mucha gente, salvo en junio cuando florecen los lirios. A mitad del camino de gravilla está la entrada.

UNA PAUSA
Hay un café pequeño, **Mori no Terrace,** en la entrada. Hay otras opciones en el complejo **Forest Terrace,** antes de la segunda *torii* (a la derecha).

EVENTOS EN EL MEIJI-JINGŪ

El Meiji-jingū es un lugar de culto religioso activo con un calendario lleno de ceremonias, rituales y festivales. A las 8.00 y a las 14.00, cada día, se puede ver la ofrenda ceremonial de comida y oraciones a los *kami;* para otros eventos hay que consultar el calendario en línea. También se celebran muchas bodas; quizá, con suerte, se vea algún desfile nupcial en el patio.

Visitar un santuario sintoísta

Los santuarios forman parte de la tradición sintoísta, pero son inclusivos. Se pueden visitar y no hay prohibiciones, solo el imperativo de ser respetuosos, o sea abstenerse de comportamientos que puedan considerarse perturbadores (como comer, beber, fumar o hablar en voz alta). Se pueden hacer fotos, pero no de la sala principal, ni de los quioscos, ni de la gente que reza.

Hay una serie de costumbres asociadas a la visita de santuarios; no son obligatorias, pero pueden enriquecer la experiencia y servir como muestra de respeto. Por ejemplo, justo antes de llegar a la *torii* final, hay una pila donde la gente acostumbra a enjuagarse las manos antes de entrar al santuario interior. En la sala principal, uno puede unirse a los visitantes que saludan a los *kami* (dioses sintoístas) con reverencias, palmadas y pequeñas ofrendas.

Tablillas votivas y amuletos

A la derecha del santuario principal, se verán unas estructuras con tablillas votivas colgadas (en torno a un magnífico alcanforero) en las que se escriben mensajes. Se llaman *ema* y se venden en los quioscos del patio. Se facilitan bolígrafos para escribir lo que uno quiera y así añadirlo al coro de oraciones, deseos y notas de agradecimiento escritas en muchos idiomas.

Los quioscos también venden *omamori* (amuletos), bolsas de seda que contienen oraciones para la suerte o la protección. Por ejemplo, para aprobar los exámenes de admisión en una escuela, un parto sin problemas, un enlace feliz o un viaje seguro. Como hay muchos turistas extranjeros que visitan el Meiji-jingū, los amuletos son en inglés. Los quioscos del santuario (y el templo) solo aceptan el pago en efectivo.

★ IMPRESCINDIBLE

Museo Nezu

El Museo Nezu (根津美術館) aúna antigüedad y modernidad de forma sorprendente: una famosa colección de arte y antigüedades de Asia oriental en un espacio diseñado por el arquitecto contemporáneo Kengo Kuma. Con la entrada se puede pasear por el jardín *vintage* del museo, que también alberga un elegante café.

PLANO P. 108 **E4**

Colección Nezu

El Museo Nezu alberga la colección privada del empresario y experto en arte Nezu Kaichirō (1860-1940). Solo una pequeña parte de la colección -que incluye pintura premoderna, escultura, lacados y cerámicas de Japón, China y Corea- se exhibe al mismo tiempo, en exposiciones temáticas que pueden centrarse en un artista, una forma de arte o motivos estacionales, con información en inglés. La visita puede durar unas 2 h.

Arquitectura y jardines

El museo se inauguró en 1941 en un rincón tranquilo y residencial de Aoyama. El edificio actual, con su seto de bambú y su espectacular tejado a dos aguas, es de la década del 2000. Es obra de Kengo Kuma, el arquitecto que concibió el estadio para los Juegos Olímpicos de Tokio del 2020 y otros muchos edificios emblemáticos de la ciudad.

Por otra parte, los jardines se remontan a los días de la finca original de Nezu. Inspirados en la estética de la ceremonia del té, presentan arroyos, rústicas casas del té y antiguos farolillos de piedra. Para alargar la experiencia, hay que ir al acristalado **Nezu Cafe,** también obra de Kuma, para un té, café o almuerzo con vistas del jardín. El último pedido es a las 16.00.

CONSEJO

El Museo Nezu utiliza un sistema de entradas por horas para evitar aglomeraciones; hay que comprarlas antes en línea. Cierra los lunes y entre exposición y exposición.

Escanea este código QR para conocer la programación del Museo Nezu.

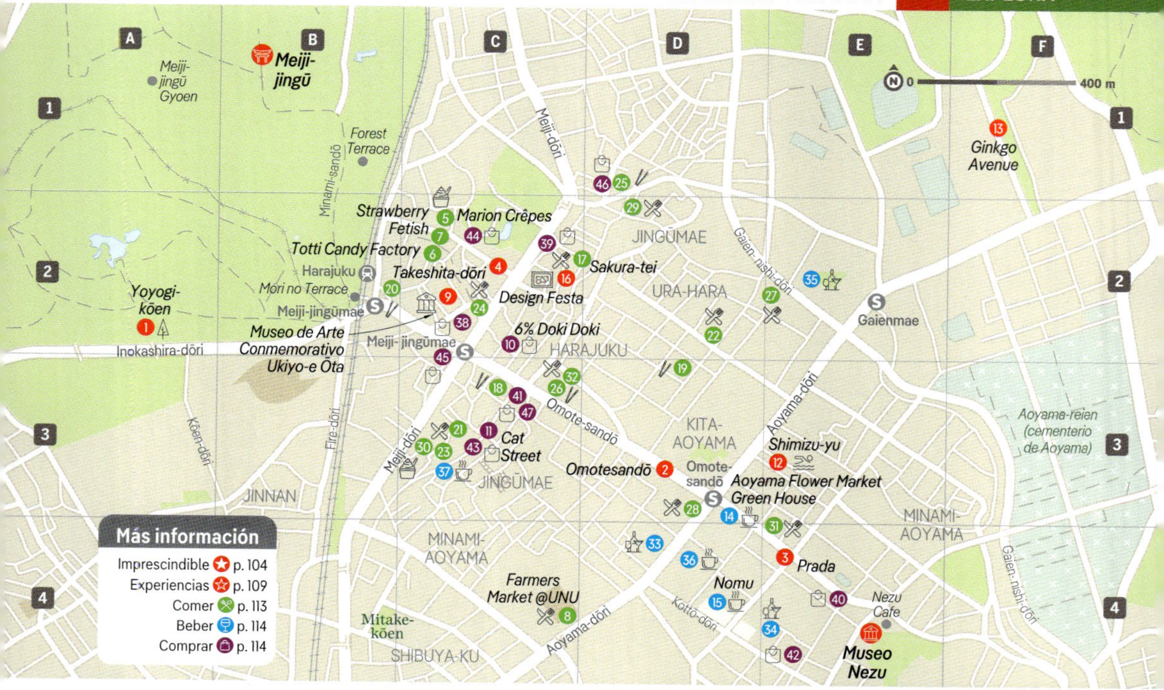

Más información

- Imprescindible p. 104
- Experiencias p. 109
- Comer p. 113
- Beber p. 114
- Comprar p. 114

EXPERIENCIAS

Participar de la diversión en el Yoyogi-kōen

PARQUE

PLANO: 1 P. 108 A2

De ser una tarde de fin de semana, soleada y cálida, seguro que hay mucha gente relajándose en el gran prado que es el **Yoyogi-kōen** (代々木公園), el parque público más popular de Tokio. No está tan cuidado como otros jardines de la ciudad (y está infestado de cuervos), pero eso se debe al uso. Aquí es donde los tokiotas hacen *running*, pasean a sus perros y enseñan a sus hijos a montar en bicicleta. Es un lugar excelente para un pícnic.

Al otro lado de la calle (hay que cruzar por un paso elevado), hay una plaza de hormigón donde casi cada fin de semana de los meses más calurosos hay eventos, como festivales que celebran las culturas y cocinas de las comunidades extranjeras que residen en Tokio. No importa lo que haya, lo que nunca falla son los *yatai* (puestos de comida) y la gente con ganas de fiesta.

Descubrir las obras de arquitectos famosos en Omotesandō

ARTE Y ARQUITECTURA

En los últimos 20 años, **Omotesandō** (PLANO: 2 P. 108 D3), el bulevar que comunica Harajuku y Aoyama, ha cambiado completamente su fisonomía. Hoy es un destino puntero para ver arquitectura contemporánea, porque muchas de las *boutiques* de primeras marcas fueron diseñadas por famosos arquitectos japoneses. Hay edificios de SANAA (Dior), Toyo Ito (Tod's) y Jun Aoki (Louis Vuitton), todos ellos grandes nombres en el mundo del diseño. Cada edificio tiene su singularidad, lograda con materiales y un diseño estructural innovadores, que permite hacerse una idea del estilo de cada arquitecto. Si se continúa hasta Aoyama, se verán más edificios interesantes, como el emblemático diseño de Herzog & de Meuron para **Prada** (PLANO: 3 P. 108 E4).

Conocer la historia de los estilismos de Harajuku en Takeshita-dōri

MODA

PLANO: 4 P. 108 C2

Takeshita-dōri (竹下通り) es más conocida por ser el epicentro de las movidas gótica y Lolita de principios de la década del 2000. Pero esa reputación le viene de antes: durante medio siglo, esta sinuosa calle peatonal y flanqueada por *boutiques* ha sido un faro de estilismos creativos. Otros *looks* incubados aquí incluyen el súper-*kawaii* (criaturas monas) estilo "decora" con todo su arcoíris de colores que dominó Harajuku en la década de 1990.

Aunque hoy la mayoría encuentra las tendencias en moda en línea, Takeshita-dōri sigue siendo un lugar al que peregrinan los adolescentes japoneses, y que puede estar abarrotada por la tarde. Aquí aguardan retazos de tendencias pasadas junto a tiendas

COMIDA CALLEJERA EN TAKESHITA-DŌRI

Takeshita-dōri es uno de los pocos sitios de Tokio con una oferta boyante de comida callejera, con especialidades tan dulces como parecen.

Marion Crêpes

PLANO: 5 P. 108 C2

Es el lugar para comer las clásicas creps de nata montada y rodajas de fruta de Harajuku. *10.30-20.00, desde 10.00 sa y do*

Totti Candy Factory

PLANO: 6 P. 108 C2

Sus magníficos (y fotogénicos) algodones de azúcar de los colores del arcoíris son parte de la nueva ola de dulces callejeros de Takeshita-dōri. *10.00-19.00 lu-vi, 9.30-20.00 sa y do*

Strawberry Fetish

PLANO: 7 P. 108 C2

¿Podrían los *tanghulu* (pinchitos de fruta caramelizada, un dulce de China) ser la siguiente nueva sensación? Este recién llegado apuesta por ello. *10.00-20.00 lu-vi, desde 9.30 sa y do*

más contemporáneas. Como aún apuesta por lo alternativo, la zona está más que bien para comprar complementos divertidos (como mochilas con forma de animal) y básicos coloridos como calcetines y leotardos.

Al ser un lugar tanto para callejear como para comprar, en los últimos 10 años se ha convertido en un destino prioritario para probar lo último en dulces y comida callejera.

Pasar el rato en el Farmers Market @UNU

MERCADOS

PLANO: 8 P. 108 C4

Visitar un mercado agrícola es una forma maravillosa de conocer una ciudad y Tokio no es ninguna excepción. En la plaza frente al campus de la United Nations University (UNU), en Aoyama-dōri, se monta uno de los mejores. Cuenta con puestos de verduras ecológicas, mermeladas, miel y productos de panadería, pero también algunos de los mejores *food trucks* y eventos gastronómicos de Tokio.

El **Farmers Market @UNU** se monta los fines de semana de 10.00 a 16.00. Se puede ir a disfrutar de su buen ambiente y a charlar con los vendedores para conocer la cultura gastronómica local de Japón.

Desviarse al Museo de Arte Conmemorativo Ukiyo-e Ōta

ARTE Y ARQUITECTURA

PLANO: 9 P. 108 C2

El **Museo de Arte Conmemorativo Ukiyo-e Ōta** (太田記念美術館) es uno de los mejores lugares para ver *ukiyo-e*, un estilo de grabado en madera que se popularizó en el período Edo (1603-1868). Las xilografías muestran escenas de la época en vivos colores –cortesanos, actores de kabuki y fiestas para contemplar los cerezos en flor–. Solo un centenar de obras de la extensa colección del museo se exhiben a la vez en exposiciones temáticas y, a menudo, estacionales.

Cool y oscuro, salvo por los puntos de luz que iluminan las obras, el museo ofrece un respiro al ajetreo de Harajuku. Al entrar, hay que quitarse los zapatos y calzarse unas zapatillas. Cierra los lunes y unos días a final de mes (entre exposiciones).

En busca de nuevos 'looks' en Ura-Hara MODA

Después de recorrer Takeshita-dōri, se puede seguir por las "Ura-Hara", o sea, la maraña de callejas sin nombre que hay detrás de Omotesandō, donde se encontrarán las tiendas de marcas advenedizas y de segunda mano con las que la actual generación de creadores de tendencias improvisa sus llamativos *looks*.

Asimismo hay que echarle un ojo a **6% Doki Doki** (PLANO: 10 P. 108 **C2**), que tiene accesorios *kawaii* y un edificio de color rosa que salta a la vista. En el lado opuesto de Omotesandō, se puede curiosear en **Cat Street** (PLANO: 11 P. 108 **C3**), otra calle peatonal con tiendas, desde grandes marcas a *boutiques* pequeñas y tiendas de segunda mano, como RagTag (p. 115).

Lavarse en la casa de baños Shimizu-yu CULTURA LOCAL

PLANO: 12 P. 108 **E3**

¿Apetece sumergirse en la cultura balnearia japonesa? Se podrían visitar unos *sentō* (baños públicos) de barrio, antaño un pilar de la vida de Tokio pero hoy no tanto, que tienen grandes bañeras comunitarias para profundos, largos (¡y calientes!) remojones. **Shimizu-yu** (清水湯) es un *sentō* molón y moderno, y muy popular en Aoyama, con duchas efecto lluvia, *jacuzzis* y dos saunas. El "recorrido de sauna con toallas de alquiler" (1200 ¥) permite acceder a todo el recinto e incluye el jabón y el champú.

HARAJUKU, PASADO Y PRESENTE

Hasta el s. xx, Harajuku no era más que una aldea. El Meiji-jingū y la II Guerra Mundial cambiaron eso. Durante la ocupación estadounidense posterior, se construyó en lo que hoy es el Yoyogi-kōen una suerte de zona residencial para militares y sus familias –un lugar exótico pero cerrado a los japoneses de a pie–. En la década de 1970, cuando parte de Omotesandō aún se cerraba al tráfico rodado los domingos, tomó nuevos derroteros: los jóvenes de Tokio empezaron a reunirse espontáneamente para bailar en la calle, muchos vestidos con extravagante indumentaria comprada en Takeshita-dōri, iniciando así la conversión del barrio en un epicentro de las últimas tendencias en moda, una reputación que dura hasta la fecha.

'GINKGOS' DORADOS
Cuando el viajero se dé cuenta de que el árbol oficial de Tokio es el *ginkgo* (*ichō* en japonés) verá el motivo de las hojas en forma de abanico por todas partes. Durante dos semanas entre finales de noviembre y principios de diciembre, los árboles adquieren un cegador color amarillo y alfombran las aceras con sus hojas doradas. El lugar más famoso para ver este espectáculo es **Ginkgo Avenue** (いちょう並木; Ichō-namiki; PLANO: 13 P. 108 **F1**) en Aoyama, cerca de la parada subterránea de Gaienmae. Otro buen sitio es en los márgenes occidentales del Yoyogi-kōen, cerca de la estación de metro Yoyogi-kōen.

Ojo, en la cultura balnearia nipona, antes de meterse en las bañeras hay que asearse en las duchas. Shimizu-yu abre de 12.00 a 24.00 (hasta las 23.00 los fines de semana) y cierra los viernes. Y los visitantes con tatuajes no pueden entrar.

Tomar el té en una floristería

TÉ Y CAFÉ

La moderna Aoyama no tiene una, sino dos floristerías con salones de té adosados. En la **Aoyama Flower Market Green House** (PLANO: 14 P. 108 **D3**), las hojas bajan desde el techo y por las paredes mientras los lechos de flores crecen bajo las mesas de cristal, todas ellas con jarrones con flores fragantes y recién cortadas. De la carta destacan los tés de hierbas frescas, flores deshidratadas y aromas naturales, servidos en teteras, más uno de los *parfaits* más bonitos de Tokio. Suele haber cola.

También está **Nomu** (PLANO: 15 P. 108 **D4**), del artista floral danés Nicolai Bergmann. Sus características cajas de flores, un obsequio muy popular en Tokio, se exhiben en la tienda, junto con ramos de atrevidos colores. El salón adjunto es luminoso y espacioso, con arte floral estacional decorando las paredes. La carta incluye tés del proveedor danés AC Perchs, más pasteles, licuados y vinos por copa.

Echar un vistazo a lo que se cuece en Design Festa

ARTE Y ARQUITECTURA

Design Festa (PLANO: 16 P. 108 **C2**) ha sido durante mucho tiempo un paladín de la escena independiente del arte de Tokio y su laberíntico edificio es un punto de referencia en Harajuku. El edificio en sí ya es una obra de arte, y siempre cambia. Alberga decenas de galerías pequeñas que se alquilan por días. Los artistas también están casi siempre por aquí. Y de paso se puede almorzar en **Sakura-tei** (PLANO: 17 P. 108 **C2**), restaurante de *okonomiyaki* (tortitas saladas) donde uno puede hacerse sus propias *okonomiyaki*, también con opciones vegetarianas y para niños.

Lo mejor para...

¥ Económico ¥¥ Medio ¥¥¥ Alto

Localizaciones en el plano de la **p. 108**

Comer

'Comfort Food' japonesa

Harajuku Gyōza-rō ¥
18 C3
El favorito de siempre para unas *gyōza*, que se sirven todo el día *yaki* (fritas) o *sui* (hervidas). Suele haber cola pero avanza rápido. *11.30-22.00*

Maisen ¥
19 D3
Famoso por sus *tonkatsu* (chuletas de cerdo empanadas y fritas) y por su marco (una antigua casa de baños pública). Si no hay sitio para sentarse, en la ventanilla venden sándwiches de *tonkatsu* para llevar. *11.00-21.00*

Kyūsyū Jangara ¥
20 B2
Ideal para probar los fideos finos, el tierno *chāshū* (cerdo asado) y el rico caldo por el que son famosos los *ramen* al estilo Kyūshū. La versión vegana también está bien. *10.00-23.00*

Tortitas y creps

Micasadeco & Cafe ¥¥
21 C3
Uno de los lugares más afamados para probar las esponjosas y populares tortitas suflé. Como es pequeño, se forman colas. *11.00-17.00 lu-vi, hasta 18.00 sa y do*

Breizh Café Crêperie ¥¥
22 D2
Si apetecen unas *galettes* francesas genuinas, este es el lugar. No tienen gluten porque están hechas con trigo sarraceno. *11.00-22.00 lu-vi, 9.00-21.30 sa y do*

World Breakfast Allday ¥¥
23 C3
Desayunos estadounidenses, ingleses y taiwaneses todo el día, más una cuarta opción que cambia cada dos meses (¡hasta ahora han probado 50 países!). *7.30-20.00*

bills Omotesandō ¥¥
24 C2
En esta importación australiana de ambiente playero que inició la tendencia de servir desayunos todo el día en Harajuku se pueden probar *hotcakes* de ricota (con banana natural y mantequilla de miel). *8.30-22.00*

Ecológica y macrobiótica

Mominoki House ¥¥
25 D1
Este histórico restaurante macrobiótico tiene seguidores famosos (como Paul McCartney). De su carta destacar el *sushi* vegano hecho con arroz integral (solo para la cena). *11.00-14.30 y 17.00-22.00 lu-sa, hasta 21.00 do*

Yasaiya Mei ¥¥
26 C3
Verduras ecológicas de granja presentadas de mil maneras, como *crudités* a modo de ramo. Está en Omotesandō Hills. *11.00-16.00 y 17.00-23.00*

Tokyo Juice ¥
27 E2
Zumos recién hechos (en botellas coleccionables), licuados de proteínas, cuencos para desayunar

y *brownies* veganos. Hay otro local en Azabudai Hills. *8.30-18.00 lu-sa, desde 9.30 do*

Natural House ¥

28 D3

Establecimiento de la popular cadena nacional de comida sana en Aoyama-dōri, con un mostrador de zumos recién hechos, *bentō* vegetarianas, pan sin gluten y tentempiés saludables. *9.30-21.00 lu-sa, hasta 20.30 do*

Dulces

Muun Seoul Café ¥

29 D2

Un buen sitio para probar los *macarons* coreanos en colores pastel, con bebidas a la par como la leche de fresas o el refresco de frutos silvestres. *12.00-19.00*

Initial ¥

30 C3

Pecaminosos *parfaits* esculturales, hechos con fruta de temporada y helado cremoso de nata de Hokkaidō; también hay sándwiches de *gelato* y frutas. *12.00-21.00 lu-vi, desde 11.00 sa y do*

Higashiya Man ¥

31 E4

Se pueden probar los *manjū* (bollitos rellenos de pasta dulce de judía roja) recién hechos al vapor, o adquirir dulces japoneses empaquetados para regalo. Solo ofrece servicio de mostrador. *11.00-19.00*

Jean-Paul Hévin ¥

32 C3

Perfecto para tomar un chocolate caliente en la planta baja del Omotesandō Hills. *11.00-20.00*

Beber

Cócteles con y sin alcohol

Two Rooms

33 D4

Martinis, mojitos, cócteles sin alcohol y licuados, y si se consigue sitio en la terraza, amplias vistas de Harajuku. También está bien para un *brunch*. *11.30-2.00 lu-vi, 11.00-2.00 sa, 11.00-22.00 do*

Wall

34 E4

Establecimiento chic de Aoyama para unos cócteles (o un té) con un jardín vertical. Está en el edificio de la *boutique* Facetasm, detrás de una puerta sin señalizar. *11.30-24.00 lu-vi, desde 13.00 sa y do*

PR Bar

35 E2

Ambiente de bar *vintage*, cócteles clásicos y una amplia carta de licores, con muchas ginebras japonesas. *19.00-2.00 lu-sa*

Café y té

Sakurai Japanese Tea Experience

36 D4

Salón contemporáneo que sirve tés con dulces tradicionales de día y, a partir de las 19.00, originales cócteles de té. Se aconseja reservar. *11.00-23.00*

Roastery by Nozy

37 C3

Bebidas de café elaboradas con grano selecto y tostado *in situ*, en Cat St. Recomendable también por el helado cremoso de café exprés. *10.00-22.00*

Comprar

Puntos de referencia del barrio

Laforet

38 C2

Los emblemáticos grandes almacenes de Harajuku con moda comercial de temporada, emergentes marcas japonesas y *looks* góticos en el sótano. *11.00-20.00*

Beams Harajuku

39 C2

Boutique de moda masculina en Meiji-dōri que lleva mucho tiempo creando tendencia; ahora es una cadena nacional, pero esta fue la primera. Cerca, están las tiendas filiales con moda femenina, camisetas estampadas y demás. *11.00-20.00*

'Boutiques' únicas

Reality Lab Issey Miyake

40 E4

Las últimas e innovadoras creaciones de la legendaria casa de modas japonesa Issey Miyake, en un espacio futurista diseñado por el artista y diseñador Tokujin Yoshioka. *11.00-20.00*

6% Doki Doki

véase 10 C2

Moda y complementos de colores fosforescentes que son en parte fiesteros, en parte de estilo colegiala y, como indica el nombre de la tienda, "6% emocionante" (y 100% Harajuku). *13.00-19.00 ju y vi, desde 12.00 sa y do*

Comme des Garçons Trading Museum

41 C3

Concept store de la diseñadora de Comme des Garçons, Rei Kawakubo, con una colección de marcas poco conocidas y expositores con prendas *vintage* de CdG. En Gyre. *11.00-20.00*

Sou-Sou

42 E4

Prendas y complementos que recuperan estilos tradicionales, como los *jikatabi* (zapatos de suela de caucho y punta dividida que llevaban los obreros de la construcción en Japón) en coloridos estampados. *11.00-20.00*

Segunda mano y reventa

RagTag

43 C3

Gran tienda de ropa dejada en consigna con muchas marcas que los compradores de Harajuku aman, como Comme des Garçons y Vivienne Westwood. En Cat St. *11.00-20.00*

Closet Child

44 C2

La mejor tienda de ropa gótica y Lolita de segunda mano, con piezas casi nuevas de Emily Temple Cute, Milk y más. Está en Takeshita-dōri. *16.00-19.00 lu-mi, vi y sa*

Chicago

45 C3

Tienda *vintage* en un sótano con económicos kimonos, *yukata* (túnica ligera de algodón), *obi* (fajines) y demás prendas, todo de segunda mano. Hay que ir a la trastienda. *10.00-20.00*

Artes tradicionales y recuerdos

Musubi

46 D1

Los *furoshiki* son paños tradicionales muy versátiles que se pueden doblar y anudar para formar bolsas para ir de compras, envolver regalos, etc. Los hay en diseños clásicos y contemporáneos. *11.00-19.00 ju-ma*

Oriental Bazaar

47 C3

Si el nombre parece anticuado es porque está entre las tiendas de recuerdos más antiguas de Harajuku, que empezó como anticuario y ahora está en una nueva ubicación. *11.00-18.30 ju-ma*

Sugerencias de lugares para comer, beber y comprar en **p. 130**

Explora Shinjuku y oeste de Tokio

A un lado de Shinjuku están los edificios de oficinas y rascacielos que siluetean el perfil de Tokio; y al otro, enormes centros comerciales, calles con luces de neón y barecitos noctámbulos. Como es un centro de transportes, el único momento en el que se respira paz es cuando los trenes dejan de circular de madrugada, pero la fiesta continúa en los karaokes y discotecas.

Siempre hay algo que hacer y tiendas por visitar, pero también hay parques amplios donde respirar aire puro. A un corto trayecto en tren están Nakano y Kōenji, dos barrios relajados con bares agradables, comercios eclécticos y tiendas solidarias. Nakano tiene establecimientos de *anime* y salones recreativos, en torno al centro comercial para coleccionistas Nakano Broadway.

Cómo desplazarse

Tren

Las líneas JR Yamanote y Chūō-Sōbu paran en Shinjuku, igual que las líneas Odakyu y Keiō. La línea Chūō para en Nakano, y la línea Sōbu, en Kōenji.

Metro

Las líneas Marunouchi, Toei Ōedo y Toei Shinjuku llegan a la estación de Shinjuku. Las líneas Marunouchi, Fukutoshin y Toei Shinjuku paran en la estación de Shinjuku-sanchōme, que comunica con la estación de Shinjuku por un paso subterráneo.

A pie

Kōenji está a 20 min a pie al oeste de Nakano.

Shinjuku-gyoen (p. 120).
SANGA PARK/SHUTTERSTOCK ©

LO MEJOR

Asistir a la floración en el **SHINJUKU-GYOEN** (p. 120).

Brindar en **OMOIDE-YOKOCHŌ** (p. 125).

Sumergirse en el manga en **NAKANO BROADWAY** (p. 121).

Seguir la ruta de bares de **GOLDEN GAI** (p. 122).

Disfrutar del ocio LGTBIQ+ en **SHINJUKU NICHŌME** (p. 125).

CIRCUITO A PIE

Descubrir los contrastes de Shinjuku

Shinjuku se divide en dos zonas muy distintas. Al oeste están los hoteles, los rascacielos de oficinas y un parque urbano; y al este, un mundo de ocio nocturno y tiendas, con lugares de interés cultural de por medio. El lado oriental se anima por la noche; es mejor ir a media tarde para verlo en su mejor momento.

INICIO	FINAL	DURACIÓN
Edificio del Gobierno Metropolitano de Tokio	Isetan	4 km; 2 h

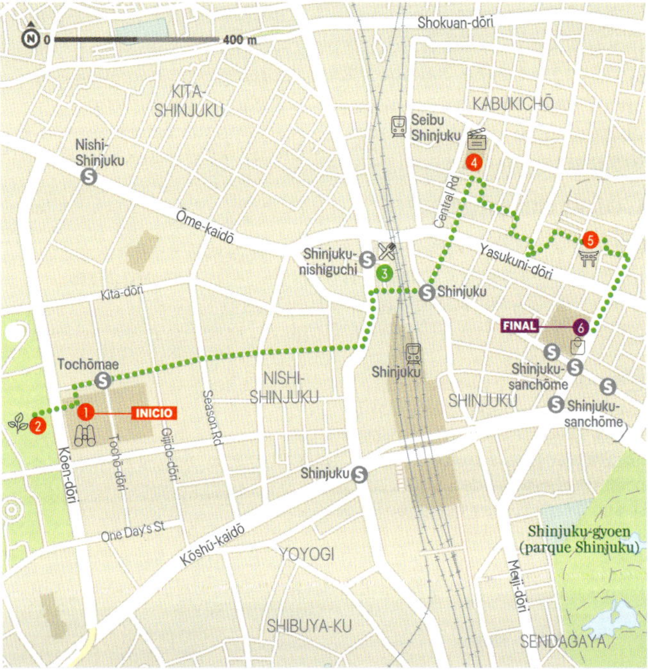

1 Shinjuku desde la cima

Desde la West Exit (salida oeste) de la estación de Shinjuku se puede ir al **edificio del Gobierno Metropolitano de Tokio** (p. 125) por la superficie, o por un paso subterráneo (basta con seguir las señales). Es uno de los edificios más reconocibles de la ciudad, terminado en 1990. Hay un mirador gratis en el último piso de cada torre.

2 El parque urbano

El pequeño espacio verde que se extiende al cruzar la calle es el **parque Shinjuku Chūō.** Es un lugar fabuloso donde relajarse en el césped y contemplar el tejido urbano de Shinjuku. También hay cafés donde sentarse o comprar algo para llevar.

3 Calle para comer

Hay que regresar a la estación de Shinjuku, pasando por los hoteles y rascacielos del barrio, e ir hacia el norte por **Omoide-yokochō** (p. 125), una calleja que en la posguerra fue un mercado negro, pero hoy está flanqueada por *izakayas* (tabernas japonesas). La mayoría están cerradas de día pero cuando cae la noche empiezan a servir cervezas y *yakitori* (brochetas de pollo a la parrilla).

4 Un icono de Shinjuku

Se pasa por debajo de las vías del tren por el paso subterráneo para salir a Cross Space Shinjuku, donde hay una valla publicitaria en la que a veces aparecen gatos y personajes populares en 3D. Se enfila rumbo norte por la avenida Shinjuku Moa 2 y enseguida se distinguirá la **cabeza de Godzilla** (p. 32) con los ojos encendidos asomándose por detrás de los Toho Cinemas, el luminoso centro de Kabukichō.

5 Santuario de Kabukichō

Ahora toca ir hacia el este, cruzar el barrio rojo de Kabukichō y los pequeños tugurios de Golden Gai (p. 122), y salir al **Hanazono-jinja.** Este santuario sintoísta del s. XVII está dedicado a Inari, dios de la agricultura y la prosperidad. Los domingos se montan mercadillos.

6 Una pausa dulce

Hay que entrar en Meiji-dōri y seguir recto hacia los grandes almacenes **Isetan** (p. 128). Este edificio de 1933 conserva su señorial fachada clásica. Su interior esconde *boutiques* con lo último en moda, primeras marcas y toda suerte de restaurantes y cafés. En el sótano está la mejor zona de restauración *gourmet* del barrio, con irresistibles chocolates y golosinas en relucientes mostradores, entre otras exquisiteces.

★ IMPRESCINDIBLE

Shinjuku-gyoen

En el centro de uno de los barrios más concurridos de Tokio está el **Shinjuku-gyoen** (新宿御苑), la antigua residencia de un señor feudal convertida en jardín imperial que, en 1951, abrió sus puertas a la ciudadanía. Ahora es un oasis que los tokiotas aprovechan para pasear por sus jardines y resguardarse bajo los árboles.

PLANO P. 124 **F4**

CONSEJO
En plena floración de los cerezos (mar-abr) quizá haya que reservar la entrada en línea con antelación y para una hora asignada. Más información en la web del parque. En la puerta venden las entradas en cualquier momento del año.

Escanea este código QR para información sobre la venta de las entradas al Shinjuku-gyoen.

Los jardines

El parque tiene tres tipos de jardín: formalista francés, paisajista inglés y tradicional japonés. Un día perfecto en el Shinjuku podría empezar con un paseo matutino por sus sinuosos senderos. Cada época del año colorea el parque con sus flores estacionales, pero la más bonita es la estación de la floración de los cerezos, cuando los árboles de *sakura* y el suelo se cubren de pétalos rosas. Para los tokiotas también es la época de las *hanami,* fiestas para contemplar la floración de los cerezos.

Lugares de interés en el Shinjuku Gyoen

En el jardín tradicional japonés está el **Kyū-Goryō-tei,** o Pabellón de Taiwán, obsequiado para conmemorar las nupcias del entonces príncipe heredero Hirohito. No solo es un ejemplo inaudito de arquitectura china tradicional en Japón, sino también la única estructura que sobrevivió a los bombardeos de la II Guerra Mundial en la década siguiente a su construcción. Ver las orquídeas en flor del invernadero tampoco tiene desperdicio.

A la salida, hay que pasarse por el **Centro de Visitantes y Descubrimiento de los Parques Nacionales** para ver las excelentes exposiciones interactivas y de *mapping,* y las impresionantes imágenes de los parques nacionales de todo el país.

★ IMPRESCINDIBLE

Nakano Broadway

Los aficionados al *anime* y al manga acuden en masa al barrio friki de Akihabara (p. 139), pero Nakano Broadway ofrece una fantástica síntesis a quienes vayan mal de tiempo o quieran conocer las variopintas subculturas de Tokio en unas galerías comerciales retro.

PLANO P. 126 **F1**

Cómics y artículos de colección

Lo que más atrae son las tiendas de manga (cómics japoneses) y de artículos de *anime* y personajes, desde peluches y muñequitos a vajillas. **Mandarake Nakano,** popular tienda de manga y artículos de colección, tiene *outlets* en los cuatro pisos superiores del complejo. Pero eso no es todo: las muñecas de porcelana, los recuerdos ferroviarios, los libros, los artículos de edición limitada y los relojes *vintage* son solo una parte de lo que se encontrará aquí. Hay incluso una tienda de kimonos de segunda mano junto a comercios de alimentación y de té en el sótano.

Diversión y juegos

Hay dos salones recreativos: Adores y Namco. **Adores** está cerca de la entrada y tiene Mario Kart y máquinas de gancho, pero quienes prefieran los juegos de ritmo y una mayor variedad en juegos les va a encantar **Namco,** en una esquina de la planta baja.

No hay que irse de Nakano Broadway sin comerse un enorme helado cremoso de ocho pisos de **Daily Chiko** en el sótano. Y si gustan los tentempiés japoneses, se pueden comprar gangas dulces en la tienda **Okashi-no-Machioka,** donde los precios son parecidos (si no más económicos) a los de la tienda de descuentos Don Quijote.

CONSEJO

La estación de Nakano es la más próxima, a solo 4 min en tren rápido de la línea JR Chūō desde la estación de Shinjuku. Muchas tiendas cierran los miércoles. Los fines de semana se llenan.

Escanea este código QR para información sobre Nakano Broadway.

★ IMPRESCINDIBLE

Golden Gai y Kabukichō

El distrito noctámbulo más famoso de Tokio está aquí, en Shinjuku. Hay dos zonas principales: Golden Gai y Kabukichō. La primera es un rincón de Shinjuku flanqueado por bares minúsculos, y la segunda es el glorioso país de las maravillas iluminado con neón por el que se conoce al barrio.

PLANO P. 124 **E1**

CONSEJO

Los bares de Shinjuku se empiezan a llenar a partir de las 21.00 y no cierran hasta las 5.00 o 6.00. Ojo, los trenes no circulan 24 h; si se pierde el último, se puede tomar el primer tren al día siguiente, o subirse a un taxi.

Escanea este código QR para más información.

La noche de Kabukichō

De día, **Kabukichō** es solo una zona más de la ciudad que, a veces, parece tranquila y poco poblada, pero cuando cae la noche brilla -literalmente-. Los tokiotas vienen al barrio para desmelenarse bajo las luces de neón los viernes noche y fines de semana, pasando por las muchas *izakayas* (tabernas japonesas) y bares.

A pesar de su luminosidad, en el ambiente flota cierta sordidez que quizá resulta desalentadora, aunque aquí casi todos los bares están bien. No obstante, Kabukichō es un distrito rojo y siempre se recomienda consultar antes las reseñas de los bares en Google, solo como precaución. Se aconseja ignorar a los cazaclientes de la zona porque llevan a bares más caros.

Aquí el karaoke es un pasatiempo nocturno popular, y hay salas que abren toda la noche si lo que se quiere es cantar sin parar. Las tarifas nocturnas son a partir de 500 ¥ los 30 min.

Las muchas caras de Golden Gai

Golden Gai (*gai* significa "calle" en japonés) es una zona más tranquila, vecina de Kabukichō y conocida por sus callejones flanqueados por bares destartalados y evocadores -los hay a centenares-. Los bares no suelen tener un aforo superior a las

STARCEVIC/GETTY IMAGES ©

12 personas, y la visita a los del 2º piso conlleva subir por una escalera de madera, estrecha y precaria. Si gustan los bares temáticos y los entornos íntimos, se podría pasar toda la noche de bares: algunos están empapelados con pósteres retro de cine, otros son elegantes y modernos.

Entrada de pago

Salir de bares no sale barato. Los hay que cobran entrada (500-1500 ¥) y las bebidas cuestan desde 700 ¥. Como la oferta es tan variada, la experiencia puede variar mucho: algunos no cobran entrada a los turistas, pero otros podrían negarles incluso el acceso. Hay que llevar dinero encima porque muchos solo aceptan el pago en efectivo.

UNA PAUSA

Se puede terminar la noche de fiesta con un tazón de *ramen* en el popular **Ramen Nagi,** situado en el 2° piso de un edificio de Golden Gai (hay un farolillo redondo en la entrada). Abre las 24 h.

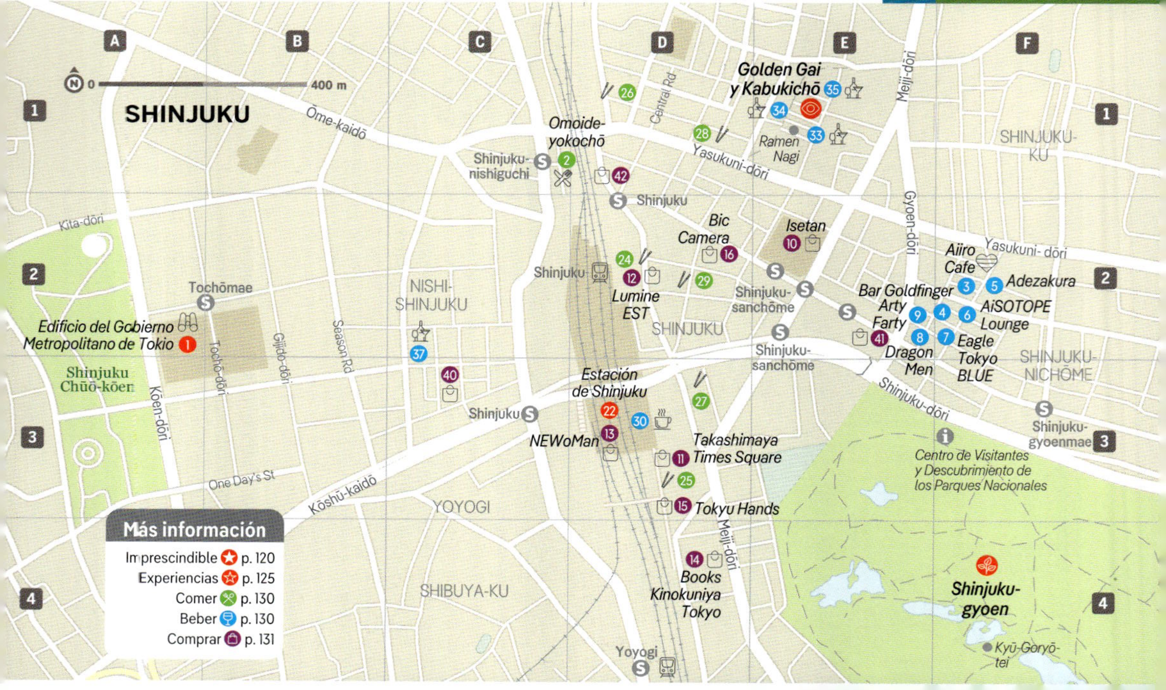
SHINJUKU
0
400 m
A
B
C
D
E
F
1
2
3
4
Golden Gai y Kabukichō
35
34
33
Ramen Nagi
Omoide-yokochō
2
Shinjuku-nishiguchi
42
26
28
Central Rd
Yasukuni-dōri
Meiji-dōri
Ōme-kaidō
Shinjuku
Isetan
10
Bic Camera
16
24
12
Lumine EST
29
Shinjuku-sanchōme
SHINJUKU
Gyoen-dōri
Aiiro Cafe
Adezakura
5
3
Bar Goldfinger
Arty
Farty
9
4
6
AiSOTOPE Lounge
8
7
Eagle Tokyo BLUE
Dragon Men
41
SHINJUKU-KU
SHINJUKU-NICHŌME
Shinjuku-gyoenmae
Shinjuku-dōri
Centro de Visitantes y Descubrimiento de los Parques Nacionales
Shinjuku-gyoen
Kyū-Goryō-tei
Kita-dōri
Tochōmae
Edificio del Gobierno Metropolitano de Tokio
1
Shinjuku Chūō-kōen
Kōen-dōri
Tochō-dōri
Gijido-dōri
Season Rd
NISHI-SHINJUKU
37
40
Estación de Shinjuku
22
30
13
NEWoMan
27
Takashimaya Times Square
11
25
15
Tokyu Hands
14
Books Kinokuniya Tokyo
One Day's St
Kōshū-kaidō
YOYOGI
SHIBUYA-KU
Yoyogi
Más información
Imprescindible p. 120
Experiencias p. 125
Comer p. 130
Beber p. 130
Comprar p. 131

EXPERIENCIAS

Contemplar el horizonte urbano desde el edificio del Gobierno Metropolitano de Tokio MIRADOR

PLANO: 1 P. 124 A2

El **edificio del Gobierno Metropolitano de Tokio** es uno de los más altos de la ciudad (242,9 m). Pero, a diferencia de otros rascacielos donde los visitantes tienen que adquirir una entrada, se pueden ver las mismas vistas gratis desde los miradores de sus dos torres. Desde el mirador del sur (9.30-22.00) se divisará el monte Fuji en días despejados. Desde aquí, las vistas nocturnas (p. ej. de la Tokyo Skytree bellamente iluminada) son espectaculares.

De estar en Shinjuku por la noche, el edificio se convierte en un lienzo para el espectáculo de *mapping* más grande del mundo, donde se presentan iconos de Tokio y escenas de la naturaleza. Se proyecta cada noche a partir de las 19.00 (puede cambiar según la época del año), y los fines de semana se exhiben diferentes piezas artísticas.

"¡Kanpai!" en la 'izakaya' COMER

PLANO: 2 P. 124 C1

Izakaya podría traducirse a *grosso modo* como "lugar donde alojarse y beber alcohol". La *izakaya*, que normalmente se describe como bar o taberna japonesa, es un pilar de la sociedad nipona. Es donde los amigos y los colegas de profesión se reúnen y charlan con unas copas, comen y brindan, al grito de *"¡Kanpai!"* (salud).

En Shinjuku, donde hay más *izakayas* es en **Omoide-yokochō** y Kabukichō. Los tokiotas suelen visitarlas al salir del trabajo para cenar *yakitori* (brochetas de pollo a la parrilla) y beber cerveza. Si lo que se quiere es entonarse por poco, las *izakayas* también ofrecen barra libre *(nomi-hōdai)* de 2 h a lo largo de toda la noche.

Se recomienda ir antes de las 19.00 porque se llenan bastante rápido; y se aconseja a los grupos grandes que reserven antes. La mayoría cobran un suplemento por sentarse (50-800 ¥ por persona) y los clientes reciben, a cambio, un *otoshi* (aperitivo). Hay que ignorar a los cazaclientes en Kabukichō para evitar que a uno le cobren de más en una *izakaya*. En su lugar, hay que optar por las cadenas conocidas con precios a la vista, o consultar las reseñas en línea de antemano.

De fiesta por Nichōme LGTBIQ+

Shinjuku Nichōme, también conocida como "Nichōme" o "Nichō", es la mayor zona noctámbula de Tokio específicamente enfocada a la comunidad LGTBIQ+. A 10 min a pie de Golden Gai, la zona fue un distrito rojo durante la posguerra en Japón, y cuando en 1958 se prohibió la prostitución, los bares gais empezaron a ocupar los locales que antes alojaban burdeles. El número

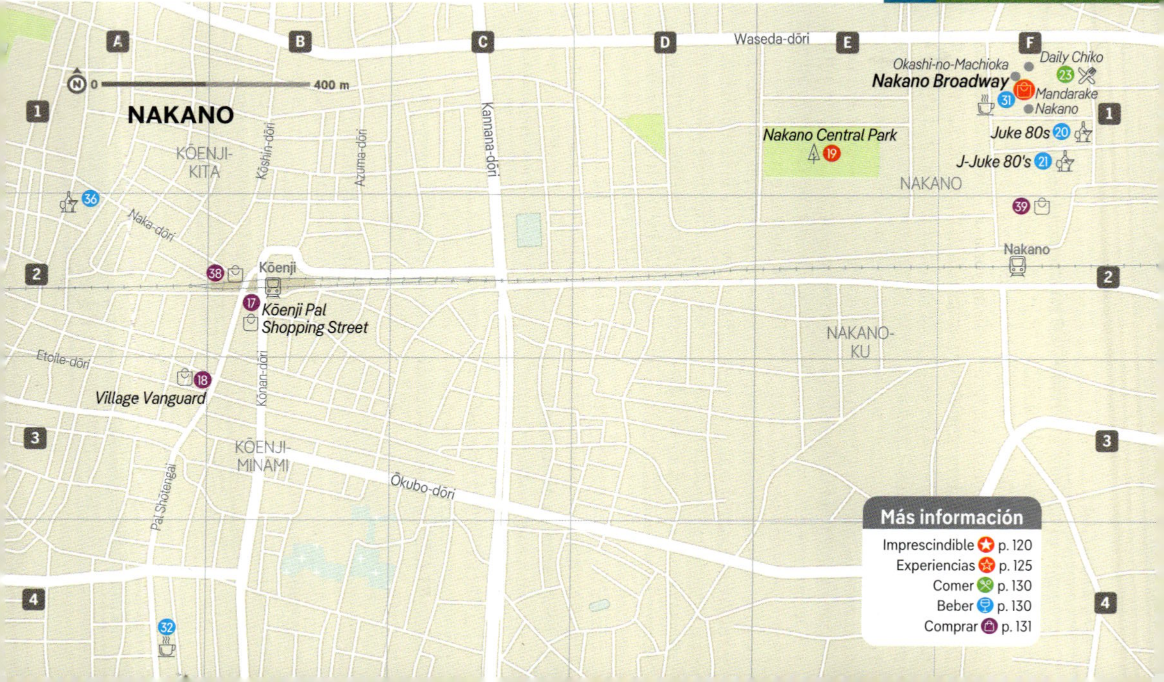
NAKANO
0
400 m
A
B
C
D
E
F
1
2
3
4
Waseda-dōri
Kannana-dōri
Azuma-dōri
Kōshin-dōri
Naka-dōri
Kōnan-dōri
Etoile-dōri
Pal Shōtengai
Ōkubo-dōri
KŌENJI-KITA
KŌENJI-MINAMI
NAKANO
NAKANO-KU
Kōenji
Nakano
Okashi-no-Machioka
Daily Chiko
23
Nakano Broadway
31
Mandarake
Nakano
Juke 80s 20
J-Juke 80's 21
Nakano Central Park 19
39
36
38
17 Kōenji Pal Shopping Street
18
Village Vanguard
32
Más información
Imprescindible p. 120
Experiencias p. 125
Comer p. 130
Beber p. 130
Comprar p. 131

exacto está sujeto a debate, pero se cree que hay hasta 500 bares en esta relativamente pequeña zona.

Hay bares en Nichōme que están muy de moda entre tokiotas, residentes extranjeros y turistas: **Aiiro Cafe** (PLANO: 3 P. 124 **F2**) es uno de los más populares, atendido por un personal simpático e internacional del colectivo, y propone barra libre de cervezas durante la *happy hour* por unos imbatibles 1000 ¥. Es un buen sitio donde empezar y donde codearse con simpáticos tokiotas y residentes extranjeros. Para las chicas, el **Bar Goldfinger** (PLANO: 4 P. 124 **F2**) y **Adezakura** (PLANO: 5 P. 124 **F2**) abren solo para mujeres los fines de semana -Goldfinger, además, tiene palomitas gratis y karaoke-. Para chicos gogó, *drag queens,* noches de osos, veladas K-pop y eventos temáticos, se debe consultar la programación del fin de semana de **AiSOTOPE Lounge** (PLANO: 6 P. 124 **F2**) o **Eagle Tokyo BLUE** (PLANO: 7 P. 124 **F2**). Para bailar se recomiendan **Dragon Men** (PLANO: 8 P. 124 **F2**) o **Arty Farty** (PLANO: 9 P. 124 **F2**). La noche se empieza a animar a partir de las 20.00 y la mayoría de las discotecas y bares más populares no cobran entrada.

Hay que llevar dinero en efectivo antes de salir de fiesta porque no todos los cajeros automáticos funcionan las 24 h. Pero en caso de apuro siempre se puede buscar un cajero automático de 7-Eleven. Hablar algo de japonés ayuda, aunque solo sea *arigatō gozaimasu* (gracias) y *onegaishimasu* (por favor).

Comprar moda, tendencias y lo último en tecnología en Shinjuku

DE COMPRAS

Decir que uno se podría pasar una semana entera de compras en Shinjuku es quedarse corto. En Shinjuku hay algunos de los mayores grandes almacenes: Isetan, Odakyu, Keio, Marui y Takashimaya, y eso sin contar los centros

LA NOSTALGIA DE OMOIDE-YOKOCHŌ

Omoide-yokochō es un pasaje al pasado. Con sus callejones poco iluminados, solo con farolillos, llenos de tiendas e *izakayas* que no han cambiado en medio siglo, es un *rara avis* en Shinjuku que ha conseguido escapar de la rápida y moderna reurbanización de la ciudad. Hasta el nombre suena romántico -*omoide* significa "memoria", para rememorar una época más sencilla-. Pero antes de Omoide-yokochō, era Lucky Street (calle de la Suerte), un mercado negro de posguerra con tiendas separadas únicamente por contraventanas de madera. Incluso la presencia dominante de establecimientos de *yakitori* y *motsuyaki* (asaduras a la parrilla) que hay aquí se remonta a esa época, cuando las asaduras no se racionaban y, por tanto, se podían consumir en mayores cantidades.

comerciales y otras tienda–. Los grandes almacenes más de moda (y de mayor nivel) son **Isetan** (PLANO: 10 P. 124 **E2**). **Takashimaya Times Square** (PLANO: 11 P. 124 **D3**) también tiene marcas de lujo, y muchas opciones para comer.

Los jóvenes que siguen las tendencias querrán probarse los últimos trapitos de marcas locales en el centro comercial Lumine –hay tres edificios: Lumine 1, Lumine 2 y **Lumine EST** (PLANO: 12 P. 124 **D2**), todos próximos a la estación de Shinjuku–. **NEWoMan** (PLANO: 13 P. 124 **D3**) es el centro comercial más nuevo del barrio y vende marcas sofisticadas y caras de moda.

Pero no solo hay moda, **Books Kinokuniya Tokyo** (PLANO: 14 P. 124 **D4**) es una librería excelente para libros en idiomas extranjeros, y la tienda de tendencias **Tokyu Hands** (PLANO: 15 P. 124 **D3**) tiene desde artículos de papelería y juguetes a herramientas de bricolaje y chismes de cocina. La popular cadena de electrónica **Bic Camera** (PLANO: 16 P. 124 **D2**) tiene su tienda insignia en el barrio, con lo último en tecnología.

Salir de compras de segunda mano en Kōenji DE COMPRAS

El paisaje urbano de Kōenji es un fascinante batiburrillo de tiendas de discos, pescaderías, barberías, fruterías, salones de tatuajes, puestos de *ramen*, parques diminutos, estudios de artesanos, microbares y garitos de música en directo. También es, sin duda, el mejor lugar de Tokio para comprar ropa *vintage* (en la foto). Para encontrar verdaderos tesoros hay que ir a la cubierta **Kōenji Pal Shopping Street** (PLANO: 17 P. 126 **B2**), cerca de la salida sur de la estación, y a Look St (una sección al aire libre más apartada). Para adquirir artículos locales, libros de arte, peluches e incluso artículos extraños y disparatados, hay que darse una vuelta por **Village Vanguard** (PLANO: 18 P. 126 **A3**).

Disfrutar de una noche relajada en Nakano VIDA NOCTURNA

El despreocupado Nakano cuenta con bares y bistrós ideales para una noche tranquila de cócteles, vinos y tapas. En verano, los restaurantes del **Nakano Central Park** (PLANO: 19 P. 126 **E1**) montan mesas y asadores al fresco y el parque lo frecuentan familias y grupos de amigos que van para disfrutar de unas cervezas y una barbacoa. También hay zonas de césped donde sentarse para disfrutar de un pícnic y unas cervezas por la noche.

Detrás de la calle comercial y en el lado norte de la estación de Nakano está **Juke 80s** (PLANO: 20 P. 126 **F1**), un bar sin pretensiones donde las copas cuestan 500 ¥ y los clientes piden música inglesa ochentera. De preferir J-pop (pop japonés), al doblar la esquina está su hermanado, **J-Juke 80's** (PLANO: 21 P. 126 **F1**).

PAGE LIGHT STUDIOS/SHUTTERSTOCK ©

Perderse en la estación de Shinjuku INSPECCIONAR UNA ESTACIÓN

PLANO: 22 P. 124 D3

La estación más transitada del mundo es un verdadero mastodonte. Por ella pasan alrededor de 3,5 millones de personas de media al día en 11 líneas de tren, así es que orientarse entre esta marea humana y la maraña de pasillos y pasos subterráneos de la estación no es fácil, ni siquiera para algunos japoneses. Las recientes reformas permiten a los pasajeros diarios orientarse mejor, pero si no se va mal de tiempo, darse una vuelta por dichos corredores, siempre y cuando no sea hora punta, resulta divertido. Muchos edificios de Shinjuku están comunicados por pasos subterráneos desde la estación, y se podría ir casi de punta a punta de Shinjuku sin salir a la superficie. Aquí también hay unas galerías comerciales subterráneas: Subnade.

SUGERENCIAS

Lo mejor para...

¥ Económico ¥¥ Medio ¥¥¥ Alto

Localizaciones en los planos de las pp. 124 y 126

Comer

Platos ligeros

Lou ¥
23 P. 126 F1
Café de Nakano con cierto aire a Portland y una terraza con muchas plantas que sirve bebidas de café, ensaladas, deliciosos postres, cervezas artesanas y vinos naturales. *8.00-22.00 ju-ma*

Ochobohan ¥¥
24 P. 124 D2
Restaurante de *ochazuke* (arroz caldoso) en el centro comercial Lumine EST. Sirve los cuencos con salmón fresco, atún u otros pescados. *11.00-22.00*

Tsukiji Tamasushi ¥¥
25 P. 124 D3
Restaurante de *sushi* en Takashimaya Times Square. Los menús con *sushi* surtido tienen excelente relación calidad-precio; también se puede pedir a la carta. *11.00-22.00*

'Izakaya'

Hanbey ¥¥
26 P. 124 D1
Izakaya retro con viejos pósteres de cine y música *vintage* de fondo. En la larga carta incluso hay grillos. En Kabukichō. *17.00-24.00 lu-vi, hasta 5.00 sa y do*

Paikaji ¥¥
27 P. 124 D3
Izakaya con temática de Okinawa, delante de NEWoMan, en Shinjuku. Ambiente tropical y platos de Okinawa, como *goya champurū* (calabaza amarga salteada) y uvas de mar. *11.30-15.00 y 17.00-5.00*

Restaurantes de carne

Gyūkatsu Aona ¥¥
28 P. 124 D1
Tiernas lonchas de ternera empanada y frita. El establecimiento está decorado con *nebuta* (carrozas y farolillos de fiestas de la prefectura de Aomori). Cerca de Kabukichō. *11.00-24.00*

MoMo Paradise ¥¥¥
29 P. 124 D2
Popular cadena de *hotpot sukiyaki* con bufé libre de ternera y un mostrador de postres. Hay dos en Shinjuku: cerca de la East Exit (salida este) y cerca de Kabukichō. Mejor reservar. *11.30-15.00 y 17.00-22.30*

Beber

Cafés del momento

Toraya An Stand
30 P. 124 D3
Cafetería próxima a la New South Exit (nueva salida sur) de la estación de Shinjuku donde hay *an* (pasta dulce de judía roja japonesa) en casi todo, también en su café con leche. *10.00-21.00*

Coffee Zingaro
31 P. 126 F1
Esta suerte de *kissaten* alojada en Nakano Broadway es obra del diseñador Takashi Murakami. La decoración presenta motivos florales y las mesas hacen las veces de consolas de juego. *12.00-18.30 ju-lu*

Coffee Amp the Roaster

32 P. 126 A4

Elegante tienda de Kōenji en Look St que sirve café y bebidas de café exprés para llevar, y grano recién tostado en el tostador de la trastienda. *11.00-18.00 ma-do*

Bares en Golden Gai

Death Match in Hell

33 P. 124 E1

Uno se adentra al inframundo en este bar de temática terrorífica y *death metal* en Golden Gai. Todas las bebidas cuestan 666 ¥. *20.00-3.00 lu-sa*

Bar Kinema Club

34 P. 124 E1

Bar de temática cinematográfica con muchos carteles de películas antiguas y autógrafos. *18.00-hasta tarde*

Open Book

35 P. 124 E1

El nieto del premiado escritor Komimasa Tanaka lleva este moderno bar, con estanterías llenas de libros. *20.00-24.00*

Bares memorables

Cocktail Shobō

36 P. 126 A2

Café literario en Kōenji revestido con estanterías repletas de libros. Sirve comida y cócteles basados en recetas de novelas famosas. *12.00-15.00 y 18.00-23.00*

Bar BenFiddich

37 P. 124 C2

Este bar oscuro y rústico es uno de los mejores del mundo. Los ingredientes empleados en los cócteles a menudo provienen de la granja del dueño Hiroyasu Kayama, y las bebidas se preparan al gusto del consumidor. *17.00-24.00 ma-do*

Comprar

Arte y artículos de colección

SUBstore

38 P. 126 B2

Ecléctica librería, galería de arte, café y espacio para eventos que captura el ambiente *hipster* de Kōenji. Lo lleva una pareja indonesio-japonesa. *17.00-23.00 mi-do*

Gashacoco

39 P. 126 F2

Para gastar esas monedas de 100 ¥ que sobran en pequeños artículos de plástico de colección en esta tienda llena de máquinas con juguetes encapsulados. En la calle comercial de delante de la North Exit (salida norte) de la estación de Nakano. *11.00-21.00*

Shinjuku Kitamura Camera

40 P. 124 C3

Elegante tienda de varios pisos con una colección de cámaras y accesorios nuevos y de segunda mano. Cerca de la East Exit (salida este) de la estación de Shinjuku. *10.00-21.00*

Libros, artesanía y artículos de papelería

Sekaido

41 P. 124 E2

Esta tienda de artículos de bellas artes y papelería ocupa seis plantas y vende cualquier bolígrafo, pigmento y pincel imaginables. Cerca del Shinjukugyoen. *9.30-21.00*

Okadaya

42 P. 124 D1

Esta tienda de artesanía, repartida en dos edificios separados, tiene la mayor selección de la zona de telas, hilos, botones y mucho más. *11.00-20.30*

★ MERECE LA PENA

Museo Ghibli, Mitaka

El Studio Ghibli ha creado algunas de las películas más queridas en Japón (y en el mundo), como la ganadora de un Óscar al mejor largometraje de animación, *El chico y la garza* (2023). El maestro de la animación Miyazaki Hayao diseñó en persona este museo que recuerda a la atmósfera de ensueño de la que se impregnan sus fascinantes animaciones.

CONSEJO
Reservar las entradas con antelación y en línea. Se empiezan a vender el día 10 de cada mes para el siguiente mes (se agotan rápido).

El mundo mágico de Ghibli

Las películas del Studio Ghibli transportan a territorios imaginarios y a otros mundos más reconocibles, pero donde las criaturas mágicas y lo sobrenatural intervienen de forma inesperada. Aunque Miyazaki lleva mucho tiempo fascinado por las máquinas –eso queda demostrado en los artilugios *steampunk* que aparecen en muchas de sus obras–, el artista sigue dibujando a mano, algo insólito en la animación contemporánea.

Incluso quienes desconozcan las películas del Studio Ghibli, fundado en 1985 por Miyazaki y el ya desaparecido Takahata Isao, disfrutarán en este museo. Y los fans no querrán irse.

Escanea este código QR para comprar entradas para el Museo Ghibli con antelación.

Explorar el museo

El museo recompensa a los curiosos y a los juguetones: al mirar por una ventanita, p. ej., se verá a los duendecillos del hollín (de *El viaje de Chihiro;* 2001). Una escalera de caracol sube hasta una azotea llena de maleza y con una estatua de 5 m del soldado robot de *El castillo en el cielo* (1986). Un lugar que encanta a los niños es la réplica gigante del autobús gato del clásico *Mi vecino Totoro* (1988), al que los menores de 12 años pueden subir.

Además, hay un pequeño cine que proyecta cortos de animación –¡que solo se pueden ver aquí!– (la entrada a esta sala se facilita al entrar). Las pe-

ILIANA CLARISA/SHUTTERSTOCK ©

lículas cambian cada mes. También se programan exposiciones especiales con *storyboards*, bocetos o el arte de dibujar sobre láminas de acetato *(cel art)* de las obras pasadas y presentes de Ghibli.

En otra parte hay un taller imaginado, con los libros y obras de arte que inspiraron a Miyazaki, pero también máquinas *vintage* de la historia de la animación. Y la tienda de objetos de regalo tiene muchos artículos de los personajes, a los que ni niños ni adultos se pueden resistir.

Desvío por el parque

El museo está en los márgenes occidentales del **Inokashira-kōen,** otro querido espacio verde de Tokio, con senderos por el bosque, un gran estanque y un antiguo santuario a Benzaiten (uno de los siete dioses de la buena fortuna de Japón). Se tardan 30 min en ir del museo a la estación de Kichijōji (una parada antes de Mitaka en la línea JR Sōbu-Chūō) por el parque. Si no, Mitaka es la estación más cercana al museo.

UNA PAUSA
El **Straw Hat Cafe** del museo sirve comida sencilla y suele estar lleno; hay otras opciones en el Inokashira-kōen.

Sugerencias de lugares para comer, beber y comprar en **p. 144**

Explora
Kagurazaka, Kōrakuen y Akihabara

Más allá del foso exterior del Edo-jō (castillo de Edo), Kagurazaka, otrora un animado barrio de ocio, hoy es un barrio sofisticado con tiendas, cafés, *ryōtei* (restaurantes de alta cocina) y un santuario precioso. En Kōrakuen, el Tokyo Dome City atrae a multitudes con su enorme estadio de béisbol, pero el verdadero reclamo del barrio es el Koishikawa Kōrakuen, un jardín con siglos de antigüedad. Cerca también hay tranquilos rincones donde embriagarse con las vistas del foso y comprar libros.

Al este de Kōrakuen está Akihabara, el centro de la subcultura *otaku* (friki), con libros de cómics, muñequitos y tiendas de tecnología.

Cómo desplazarse

Tren
Las líneas JR Yamanote y Sōbu paran en las estaciones de Iidabashi, Suidōbashi (para ir al Tokyo Dome) y Akihabara.

Metro
Las líneas Marunouchi y Namboku paran en la estación de Kōrakuen. La línea Hibiya va a la de Akihabara. La línea Tozai para en las de Iidabashi y Kudanshita aunque las líneas Hanzōmon y Toei Shinjuku paran en Jimbōchō.

A pie
Jimbōchō, Kōrakuen y Kagurazaka están a 15 min entre sí.

Koishikawa Kôrakuen (p. 138).
GARGOLAS/GETTY IMAGES ©

LO MEJOR

Rendirse a la belleza del **KOISHIKAWA KŌRAKUEN** (p. 138).

Convertirse en un *otaku* en **AKIHABARA** (p. 139).

Disfrutar sin fin en el **TOKYO DOME CITY** (p. 140).

Descubrir el barrio de **KAGURAZAKA** (p. 136).

Ir de librerías en **JIMBŌCHŌ** (p. 142).

CIRCUITO A PIE

La sencillez de Kagurazaka

Kagurazaka (神楽坂), antaño un *hanamachi* –un barrio del placer donde las *geishas* entretenían–, es hoy un lugar sofisticado que conserva un ambiente sencillo. Las calles adoquinadas y empinadas están flanqueadas con cafés curiosos, buenos restaurantes, tiendas familiares, floristerías y mercados. Las bocacalles de la calle principal son sugerentes.

INICIO	FINAL	DURACIÓN
La Kagu	Estación de Iidabashi	2 km; 2 h

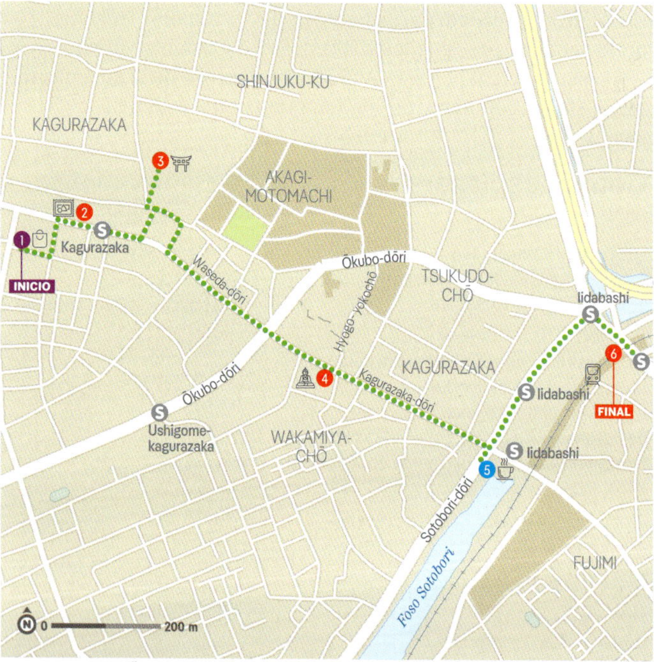

1 Antiguo almacén de libros

Desde la estación de Kagurazaka, hay que ir al oeste hacia **La Kagu,** obra de los arquitectos Kengo Kuma & Associates. Unas escaleras de madera parecen derramarse hacia la calle desde un antiguo almacén de libros, hoy una tienda llamada Akomeya Tokyo, y una cafetería, Akomeya Shokudō. Se puede pasar a comer un saludable *teishoku* (menú) y a curiosear la selección de tés, condimentos y demás productos que se pueden guardar en una despensa.

2 Galería de Kagurazaka

Se da media vuelta para regresar a la estación de Kagurazaka y a Waseda-dōri, y a la izquierda se verá una casa marrón que parece una casita de campo. Es la **Ayumi Gallery,** una galería de arte independiente que ha acogido exposiciones sobre el arte del kimono, acuarelas y bordados de artistas locales independientes.

3 El santuario moderno

Hay que continuar por Waseda-dōri y en el primer cruce girar a la izquierda para ver una *torii* (puerta de santuario) que señala la entrada al **Akagi-jinja,** un santuario sintoísta que, a diferencia de otros, es de madera natural y cristal, obra del arquitecto Kengo Kuma. Incluso los *komainu,* criaturas que custodian los santuarios y que recuerdan a perros y leones, tienen una factura minimalista.

4 Lugares de interés en el barrio

Se regresa a la calle principal y se sigue hacia el este. Por el camino hay pequeños cafés, supermercados y puestos de alimentación llenos de vecinos. Pasado el cruce está el **Zenkoku-ji,** un templo budista de 400 años dedicado a Bishamon, uno de los siete dioses de la buena fortuna. Aquí se celebran muchas fiestas del barrio.

5 La hora del té junto al foso

Hay que seguir caminando por esta calle hasta una masa de agua: el antiguo foso exterior del Edo-jō. El paseo desde aquí hasta el vecino Ichigaya es uno de los más bonitos de la ciudad en primavera, a la sombra de los cerezos en flor. Justo en el cruce está el veterano **Canal Café,** con una terraza con vistas al foso. Se alquilan botes para un paseo en sus aguas.

6 Vistas desde la estación de Iidabashi

Cerca y cuesta arriba está emplazada la **estación de Iidabashi,** desde donde las vistas son bonitas –a ambos lados del foso del antiguo castillo hay rascacielos y las líneas Chūō y Sōbu que salen de la estación–. Delante de la estación hay paneles con información en inglés sobre el foso exterior, los lugares emblemáticos de la zona y las rutas para abordar a pie.

★ IMPRESCINDIBLE

Koishikawa Kōrakuen

En las cercanías del Tokyo Dome aguarda uno de los jardines más hermosos y antiguos de Tokio, el Koishikawa Kōrakuen (小石川後楽園), que inicialmente perteneció a un *daimyō* (señor feudal). Es fácil comprobar lo pensado que está y lo mucho que costó recrear algunos de los lugares más bonitos de Japón y China en este reino en miniatura.

PLANO P. 141 **B1**

CONSEJO
Para disfrutar de la floración estacional más bonita, hay que ir en febrero y así ver los ciruelos en flor, y en junio, para contemplar los lirios.

Escanea este código QR para una guía del parque Koishikawa Kōrakuen.

El Jardín de Edo

El Koishikawa Kōrakuen, inicialmente creado como unos jardines para la segunda residencia en Edo del señor Tokugawa Yorifusa, se terminó en 1629 y es el más antiguo de un *daimyō* en Edo. La palabra *Kōrakuen* deriva de una frase china que significa "preocúpate primero, disfruta después" –aunque no es la única influencia china en el jardín–. Las diferentes escenas y paisajes se pueden atribuir a Zhu Zhiyu, erudito de la dinastía Ming, que participó en su diseño por invitación del *daimyō*.

Paisaje intemporal

Casi todo el paisajismo de los jardines está inspirado en bonitos lugares de Japón y China. El puente rojo arqueado, rodeado de arces, toma como modelo el Tsūten-kyō, en el templo Tōkufuji-ji de Kioto, mientras el ejemplo de influencia china más bonito es el puente Engetsu-kyō, pensado para que, reflejado en el arroyo, parezca la luna llena.

Cuando se pasee por los jardines se pasará por recónditos bosquecillos, riachuelos, prados, rocas escarpadas y flores de colores. Si alguien necesita descansar, hay bancos encarados al estanque, creado a imagen y semejanza del famoso lago Biwa, al noreste de Kioto.

★ IMPRESCINDIBLE

Akihabara

Akihabara (秋葉原) es casi un mundo en sí mismo: uno donde los personajes en 2D adornan los carteles y los altavoces del barrio escupen las bandas sonoras de los *anime* del momento. Este es el territorio de los *otakus* (frikis), y si al viajero le entusiasman los *anime* o la electrónica, aquí encontrará todo lo que quiera, y más.

PLANO P. 141 **F2**

Centro de 'otakus'

El primer sitio al que hay que ir es Chūō-dōri, la calle principal, con salas recreativas, tiendas de electrónica y de manga, cafés de *maids* y *cosplay*, y todo aquello que entusiasma a los fans del *anime* y a los *otakus*. Se puede comprar un ejemplar de lo último en series de manga y en *merchandising* de personajes en **Animate,** una de las tiendas de manga más conocidas de Akihabara; hacerse con un muñequito en **Akihabara Radio Kaikan;** o echar un vistazo a los juguetes cápsula, peluches y demás artículos.

Los orígenes de Akihabara

Antes de que sus calles se inundaran de manga y *merchandising*, Akihabara era más conocida como Electric Town (Ciudad Eléctrica). En la posguerra, se convirtió en la meca donde comprar piezas de radio y aparatos electrónicos. La popularidad del barrio como destino de electrónica dio paso, en la década de 1960, a tiendas más grandes de electrodomésticos, cuando llegaron los televisores y las lavadoras. Para conocer los comienzos de Akihabara, se puede ir al complejo comercial retro **Akihabara Radio Center,** cerca de la estación: es un vestigio de aquellas tiendas de posguerra que hoy venden piezas de electrónica, *walkie-talkies* y demás tecnología viejuna.

CONSEJO

Para ir directamente al centro de Akihabara donde están todos los productos, hay que seguir las señales de Electric Town Exit en la estación.

Escanea este código QR para ver las últimas noticias y eventos de Akihabara.

★ IMPRESCINDIBLE

Tokyo Dome City

El mayor reclamo de Kōrakuen es el enorme (para ser Tokio) complejo de deportes y de ocio Tokyo Dome City (東京ドームシティ). El centro lo ocupa el enorme estadio de béisbol Tokyo Dome, aunque también hay un parque temático, un centro comercial y un *spa* que lo convierten en un buen sitio para ir en familia.

PLANO P. 141 **C1**

CONSEJO
El Tokyo Dome y el parque de atracciones se llenan los fines de semana y los días que hay eventos. Entre semana suele estar más tranquilo.

Escanea este código QR para programación de eventos e información de entradas.

Estadio de béisbol de Tokio

Terminado en 1988, el **Tokyo Dome** (東京ドーム) es un estadio de béisbol cubierto, con capacidad para 55 000 espectadores, donde también se programan conciertos y otros eventos. Sede de los Yomiuri Giants, es el mejor sitio para ver un partido de béisbol. También tiene un buen historial como espacio para grandes conciertos de artistas de relumbrón, de Bon Jovi a BTS. Los aficionados al béisbol japonés tienen el **Baseball Hall of Fame & Museum,** también en el estadio.

Emociones fuertes

En las inmediaciones del estadio hay varias atracciones de feria ideales para quien viaje en familia. La más grande (y ruidosa) es **Thunder Dolphin,** una montaña rusa que precipita a sus pasajeros por una pendiente de casi 90º para luego proyectarlos a través de un aro en el cercano centro comercial LaQua.

De compras y relax

El centro comercial LaQua no es grande pero sí cuenta con un buen surtido de marcas locales de gama media y minoristas conocidos. Y quien quiera relajarse sin más debería subir al **Spa LaQua,** equipado con baños termales naturales y saunas, y con mucho espacio donde descansar.

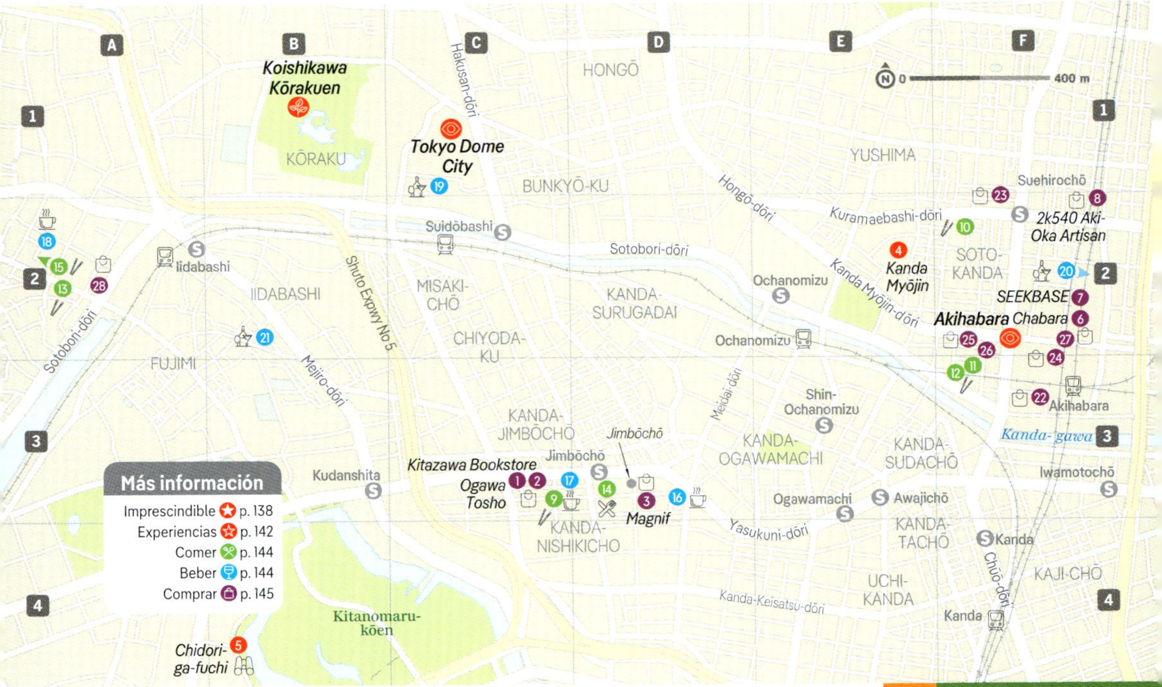

Koishikawa Kōrakuen
KŌRAKU
Tokyo Dome City
Hakusan-dōri
HONGŌ
BUNKYŌ-KU
YUSHIMA
Hongō-dōri
Kuramaebashi-dōri
Suehirochō
2k540 Aki-Oka Artisan
Suidōbashi
Sotobori-dōri
Iidabashi
IIDABASHI
Shuto Expwy No 5
MISAKI-CHŌ
KANDA-SURUGADAI
Ochanomizu
Kanda Myōjin
SOTO-KANDA
Kanda Myōjin-dōri
SEEKBASE
Akihabara
Chabara
CHIYODA-KU
FUJIMI
Mejiro-dōri
Meidai-dōri
Shin-Ochanomizu
Akihabara
Kanda-gawa
KANDA-JIMBŌCHŌ
Jimbōchō
KANDA-OGAWAMACHI
KANDA-SUDACHŌ
Iwamotochō
Kitazawa Bookstore
Ogawa Tosho
Kudanshita
Magnif
KANDA-NISHIKICHO
Yasukuni-dōri
Ogawamachi
Awajichō
KANDA-TACHŌ
Kanda
Chūō-dōri
KAJI-CHŌ
UCHI-KANDA
Kanda-Keisatsu-dōri
Kitanomaru-kōen
Chidori-ga-fuchi
0 400 m
Más información
Imprescindible p. 138
Experiencias p. 142
Comer p. 144
Beber p. 144
Comprar p. 145

EXPERIENCIAS

Hojear libros de viejo en Jimbōchō

LIBROS

Si hay algo por lo que **Jimbōchō** (神保町) es conocido es por los libros de segunda mano. Entre el Tokyo Dome City y el Palacio Imperial hay un barrio con un ambiente distendido y sencillo, pero también con 200 librerías de viejo de cualquier género y categoría posibles, alojadas principalmente en casas antiguas. Cada una tiene su especialidad, desde libros de arte, novelas, lenguas extranjeras e historia a manuales técnicos. Muchas están en Yasukuni-dōri y, a veces, montan mesas en las aceras para que los peatones puedan hojearlos.

La mayoría solo tienen libros en japonés, pero quien suba las escaleras de **Ogawa Tosho** (PLANO: 1 P. 141 **C3**) encontrará libros descatalogados y enciclopedias en inglés y francés. Por otra parte, **Kitazawa Bookstore** (PLANO: 2 P. 141 **C3**) tiene la mayor colección de libros de segunda mano en inglés del barrio. También se recomienda visitar la interesante **Magnif** (PLANO: 3 P. 141 **D3**), una tienda especializada en revistas y catálogos de moda japonesa de décadas pasadas.

Echar un vistazo al santuario Kanda Myōjin de Akihabara

SANTUARIO SINTOÍSTA

PLANO: 4 P. 141 **E2**

A 7 min a pie de la Electric Town Exit de la estación de Akihabara está el santuario **Kanda Myōjin** (神田明神). Fundado en el año 730 d.C. cerca del actual Ōtemachi, tiene 1300 años de historia, y al parecer Tokugawa Ieyasu, fundador del sogunato Tokugawa, lo frecuentaba para presentar sus respetos a los dioses sintoístas.

El santuario se trasladó a su actual ubicación en 1616, y ahora lo frecuentan quienes visitan Akihabara, que rezan para pedir amor, suerte y prosperidad. Se puede curiosear la colección de *ema* (pequeñas tablillas votivas para pedir ayuda a las deidades residentes del santuario); algunos *ema* lucen dibujos de *anime* y manga que han hecho los visitantes para el santuario.

KAGURAZAKA AWA-ODORI

El *awa-odori*, originario de la prefectura de Tokushima, es un festival popular de danza que ahora se celebra en todo el país. Durante dos días de julio, se puede ver a las bailarinas ataviadas con vestidos tradicionales, zuecos y sombreros de paja pavoneándose por la calle principal de Kagurazaka al compás de la música de flautas y percusión para el *awa-odori* local. Quien visite Tokio en verano no debería perderse este animado y brioso pasacalles. Las fechas varían; consultar la programación actualizada en kaguraren.tokyo (sitio web solo en japonés).

Remar por el foso Chidori-ga-fuchi VISTAS ESTACIONALES

PLANO: 5 P. 141 B4

No hay mejor manera de contemplar la belleza del foso del Edo-jō y de la lozana vegetación de Tokio que desde el agua. En el **Chidori-ga-fuchi** (千鳥ヶ淵), cerca de la estación de Kudanshita, se pueden alquilar botes de remos de primavera a otoño. Vale la pena ir de finales de marzo a principios de abril, cuando se podrá remar delicadamente por un río de pétalos rosa de *sakura* que se desprenden de los cerezos en flor. En esta época los botes están muy solicitados, y si no hay reservas disponibles, se recomienda llegar pronto para hacer cola para comprar el billete, con una franja horaria asignada.

Intentar ganar un premio en las salas recreativas en Akihabara JUEGOS Y OCIO

Las salas recreativas, o "centros de juegos" (así se llaman en Japón), están bien para pasar un buen rato. De vivos colores, con muchas máquinas de grúa de garras, están repletas de personajes famosos que se ven desde la calle para tentar a los peatones para que se gasten las monedas de 100 ¥ que les sobran. Estos complejos están en casi todos los barrios de Tokio, pero Akihabara acapara la mayor concentración de ellos. Una partida suele costar 100 ¥, y eso es todo lo que se necesita para ganar un premio, además, claro está, de mucha suerte y habilidad. Aquí las grandes cadenas de salas recreativas son GiGO, Taito Station y Namco, y los premios de los juegos de grúa son mejores y marcan la diferencia. Los juegos para toda la familia, como Mario Kart y *purikura* (cabinas fotográficas), suelen estar en los pisos inferiores.

Comprar vinilos y productos artesanales en Akihabara DE COMPRAS

La hilera de tiendas de debajo de las vías del tren cerca de la Electric Town Exit de la estación de Akihabara desprenden un ambiente totalmente distinto al del resto del barrio. En lugar de muñequitos de la cultura pop y artículos electrónicos, la fila de tiendas que va desde aquí a la estación de Okachimachi vende comida artesanal, discos *vintage* de vinilo y artículos hechos a mano.

Se puede empezar en **Chabara** (PLANO: 6 P. 141 F2), un mercado selecto de alimentación y productos de todo el país, desde salsa de soja a cacahuetes y sardinas. Al lado se emplaza **SEEKBASE** (PLANO: 7 P. 141 F2), con cubetas con discos de vinilo y alucinantes figuritas de vinilo de *kaiju* (monstruos). Más al norte **2k540 Aki-Oka Artisan** (PLANO: 8 P. 141 F2) concentra 50 *boutiques* y talleres de joyería, moda, complementos y decoración interior hechos a mano.

SUGERENCIAS

Lo mejor para...

Localizaciones en el plano de la **p. 141**

¥ Económico ¥¥ Medio ¥¥¥ Alto

Comer

Curris japoneses consistentes

Curry Bondy ¥
9 C3
Este restaurante de curris de Jimbōchō ganó el primer (y ahora prestigioso) Kanda Curry Grand Prix. Hay que buscar el pequeño rótulo rojo en un callejón. *11.00-21.30 lu-vi, 10.30-22.00 sa y do*

Caligari ¥
10 F2
En Akihabara, su plato especial es el curri Akibamori, de estilo japonés e indio, que se sirve con arroz con cúrcuma y pollo frito. *11.00-21.30 lu-vi, 10.30-22.00 sa y do*

Hinoya Curry ¥
11 F3
Para cargar las pilas antes de ir de compras por Akihabara con algún curri espeso y saciante, con ingredientes como panceta de cerdo o una capa de queso. *11.30-15.00 y 17.00-23.00*

'Ramen' y 'udon'

Tsujita ¥
12 F3
Recomendables *tsukemen* (fideos para mojar) que se sirven junto a un espeso caldo que sacia y refresca al mismo tiempo. En Akihabara. *11.00-21.30*

Yamashita Honki Udon ¥
13 A2
Tiene platos de *udon* innovadores o cuestionables, según se mire, como los *udon* con queso cremoso y las tortitas de *udon*. También hay exquisitos *udon* clásicos. *11.00-23.00*

Cafés y comidas ligeras

Sabouru ¥¥
14 D3
Su rústico interior recuerda el de una cabaña de troncos. Hay que probar los espaguetis napolitanos y los coloridos refrescos cremosos. Quizá haya cola. *11.00-18.00*

Kagurazaka Gojūban ¥
15 A2
Fundado en Kagurazaka en 1957, lleva más de medio siglo vendiendo *bao* recién hechos. El *nikuman* de la casa es un *bao* relleno de carne picada de cerdo. *10.00-20.00*

Beber

Cafés-librería y salones de té

Bumpōdō Gallery Cafe
16 D3
Acogedor café que hace las veces de galería de arte, en el 2° piso de la papelería Bumpōdō en Jimbōchō. Lo ideal es sentarse junto a la ventana y ver pasar a la gente. *11.00-20.30*

Jimbōchō Book Center
17 C3
Elegante café y librería que frecuentan los lugareños para trabajar y estudiar, con cómodos sofás para sentarse a leer –todos los libros están en japonés–. *9.00-19.00 lu-vi, desde 10.00 sa y do*

Kagurazaka Saryō

18 A2

Este café de té verde escondido en el barrio de Kagurazaka tiene postres de té verde, *parfaits* y otros dulces japoneses, y cócteles, también de té verde. *11.30-22.00*

Bares

Bar 2000

19 C1

Quizá la decoración parezca un poco anticuada, pero las vistas del Tokyo Dome y de las atracciones iluminadas que se ven por la ventana de este bar del Tokyo Dome Hotel son únicas. *19.00-24.00 ma-sa*

Game Bar A-Button

20 F2

Bar decorado con juegos retro en Akihabara, repleto de consolas, artículos de colección *vintage*, mandos y todo lo relacionado con los videojuegos. Está en un callejón, pero se ve enseguida. *17.00-23.00 lu-sa, desde 16.00 do*

Wine & Coffee A

21 B2

Tienda en Iidabashi que sirve cafés de día y vinos de noche. Pequeño, relajado y acogedor, con una fantástica carta de vinos. *18.00-24.00 lu-mi, 12.00-24.00 ju y vi, 8.00-16.00 sa*

Comprar

'Hobbies' y cultura pop

Akihabara Radio Kaikan

22 F3

Tienda con todo lo relacionado con Akihabara: muñequitos, objetos de colección, cromos e incluso piezas de aparatos electrónicos y equipos de sonido. *10.00-20.00*

TamTam Hobby Shop

23 F2

El mejor sitio de Akihabara para comprar modelos a escala de coches y *gunpla* (Gundam de plástico), miniaturas y cualquier cosa relacionada con el modelismo. *11.00-20.00 lu-vi, desde 10.00 sa y do*

Tamashii Nations

24 F3

Para rebuscar entre juguetes *premium* y muñequitos de Bandai de diferentes marcas de la compañía, como algunos artículos exclusivos de Japón. *10.00-20.00*

Warhammer Store & Cafe

25 F2

Tienda enorme que dispone de un café, un espacio de juegos y muchos artículos. Que nadie se pierda los preciosos dioramas. Algunos empleados son bilingües. *12.00-20.00 lu-vi, 10.00-21.00 sa y do*

Kotobukiya

26 F2

Un *outlet* del gran fabricante de juguetes y muñequitos. La tienda ocupa dos pisos y los productos ofrecidos abarcan una amplia gama de franquicias de *anime* y de juegos. *12.00-20.00*

Alimentación y tendencias

Yanaka Coffee

27 F2

Más de 10 variedades de granos de café verde a escoger que pueden tostar *in situ* (lo tendrán listo en 30 min-1 h, según lo ocupados que estén). *11.00-20.00*

Noren Muro Amazake

28 A2

Esta tienda de Kagurazaka se especializa en *amazake*, una bebida dulce de arroz fermentado pero sin alcohol. También vende utensilios de cocina y menaje del hogar. *11.00-19.00 mi-lu*

Sugerencias de lugares para comer, beber y comprar en **p. 156**

Explora
Ueno y Yanesen

Ueno es para los amantes del arte. Casi todos los lugares de interés están en el enorme Ueno-kōen (parque Ueno): templos y santuarios, un zoológico, el museo más grande del país, algunas instituciones importantes y cafés. Pero aparte del parque, Ueno es un barrio animado con muchos centros comerciales y sitios donde comer, más un mercado al aire libre, Ameya-yokochō.

Al noroeste de Ueno hay una zona más tranquila y menos poblada conocida como Yanesen, palabra que condensa los tres barrios de Yanaka, Nezu y Sendagi. Aquí se encontrarán cafés y galerías de arte en humildes y viejos edificios que han sobrevivido milagrosamente a terremotos, guerras y a la rápida modernización de la ciudad, conservando así un ambiente distintivo a "la vieja Tokio" difícil de ver en la ciudad actual.

Cómo desplazarse

Tren
La línea JR Yamanote para en Ueno y Nippori (para ir a Yanesen). Los trenes Keisei desde el aeropuerto de Narita también paran en la estación de Ueno.

Metro
Las líneas Ginza y Hibiya paran en la estación de Ueno, y la línea Chiyoda, en Nezu y Sendagi. La estación de Ueno-okachimachi también queda cerca; por ella pasa la línea Toei Ōedo.

A pie
Yanaka está a 15 min a pie del Ueno-kōen, y del Nezu-jinja.

Ameya-yokochō (p. 152).
LEE YIU TUNG/SHUTTERSTOCK ©

★

LO MEJOR

Sumergirse en la historia y el arte japoneses en el **MUSEO NACIONAL DE TOKIO** (p. 150).

Regatear en el mercado **AMEYA-YOKOCHŌ** (p. 152).

Viajar al pasado en **YANAKA** (p. 148).

Admirar la arquitectura Edo del **NEZU-JINJA** (p. 154).

Ir de museos por el parque **UENO-KŌEN** (p. 154).

CIRCUITO A PIE

Viajar al pasado en Yanaka

En el aletargado barrio de Yanaka, con un encanto a mundo pretérito, parece que el tiempo se ha detenido. Sus edificios de madera, templos modestos y tiendas discretas, que en gran medida no han sufrido los daños de los desastres naturales y de la II Guerra Mundial, muestran una instantánea de Tokio anterior a la rápida urbanización.

INICIO	FINAL	DURACIÓN
SCAI the Bathhouse	Yanaka Ginza	3 km; 3 h

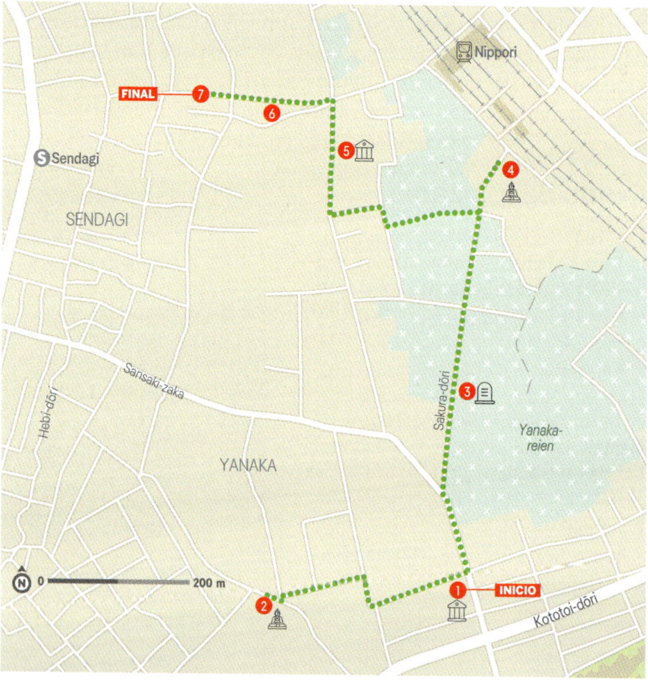

1 Galería en una casa de baños

Desde los jardines del Museo Nacional de Tokio, hay que ir a Byōbuzaka-dōri y seguir hacia **SCAI the Bathhouse.** Esta casa de baños pública -ya lo indica su nombre- tiene 200 años pero se ha transformado en una galería contemporánea. Si bien el espacio expositivo es moderno, la galería ha conservado su fachada japonesa tradicional.

2 El templo del 'runner'

Desde la casa de baños hay que girar a la izquierda y dirigirse al **cedro himalayo de Yanaka,** un lugar referencial del barrio con varios siglos de antigüedad. A pocos pasos del árbol está el **Enju-ji,** un templo consagrado a la deidad Nichika-sama, el dios de las Piernas Fuertes, de ahí que lo frecuenten los *runners*.

3 Un paseo tranquilo

Hay que dar media vuelta y, pasados los baños, torcer a la izquierda para ir al **Yanaka-reien,** un tranquilo cementerio que es la última morada de algunas figuras públicas significativas de Japón, como el último sogún, Tokugawa Yoshinobu, cuya tumba está pasada la verja con el símbolo de las tres hojas *aoi* del clan.

4 El templo antiguo

Se va a la otra punta del cementerio para ver el **Tennō-ji,** uno de los templos budistas más antiguos de la ciudad, fundado entre 1394 y 1427. Sentada en los jardines del templo, enmarcada por una moderna puerta de entrada, hay una gran figura de bronce de Buda de 1690.

5 Obras de arte en bronce

Se sale del cementerio para acercarse más a la ciudad y visitar el **Museo Asakura de Escultura, Taitō.** El que fuera el antiguo estudio y residencia del escultor Fumio Asakura alberga hoy día bronces de famosos personajes japoneses, pero también de gatos, por los que Asakura sentía un cariño especial.

6 Escaleras del atardecer

Desde el museo hay que ir a la calle principal, Gotenzaka. Y después ir al oeste para ver **Yūyake Dandan,** las "escaleras del atardecer", que, como su nombre indica, es mejor verlas durante el ocaso, cuando las calles se cubren de un romántico color anaranjado.

7 Nostálgica calle comercial

La pintoresca y encantadora calle comercial **Yanaka Ginza,** a los pies de las escaleras, está flanqueada por fruterías, verdulerías y licorerías, tiendas de *souvenirs* y algunos cafés más nuevos. Por aquí también se podrían ver gatos, tanto de carne y hueso como en forma de esculturas sobre los toldos.

★ IMPRESCINDIBLE

Museo Nacional de Tokio

El Museo Nacional de Tokio (東京国立博物館), el más antiguo y grande de Japón, es un sitio inmejorable para un curso intensivo de arte e historia japoneses. Los seis edificios del museo albergan colecciones que van desde arte japonés prehistórico, kimonos y espadas a tesoros de templos y artefactos de Asia y Oriente Medio.

PLANO P. 153 **D3**

CONSEJO

Visitar primero la Galería Japonesa (Honkan) y dedicarle al menos 2 h. Dejan entrar hasta 30 min antes del cierre, aunque quizá algunas zonas cierren más pronto.

Escanea este código QR para información sobre el museo.

Honkan (galería japonesa)

El edificio de tejado inclinado en primer plano desde la entrada es la galería principal, la Honkan (en la foto). Al cruzar sus puertas hay que subir al 2º piso, donde la exposición sigue un orden cronológico, desde el arte antiguo a la evolución del arte clásico japonés a lo largo de los siglos para terminar en los *ukiyo-e* (grabados en madera) del período Edo.

Hay que bajar a la 1ª planta, donde aguardan objetos ordenados por artesanía y tema, que incluyen esculturas, lacados, espadas y arte ainu y de Ryūkyū. También hay una divertida galería interactiva que encantará a los niños. Si hace buen tiempo, se puede salir a los jardines para ver las cinco históricas casas de té trasladadas hasta aquí desde otros puntos del país. En épocas concretas del año, se puede pasar por **Tohaku Chakan** para tomar un té, unos dulces y vivir experiencias culturales.

Antes de abandonar la Honkan, se recomienda pasar por la tienda de objetos de regalo para ver la colección de libros de arte y demás artículos, algunos con la mascota del museo, una *haniwa* (figura de barro) llamada Tōhaku-kun.

Heiseikan (Galería de Arqueología Japonesa)

La **Heiseikan,** conectada a la Honkan por un corredor interior, alberga la Galería de Arqueología

TAKASHI IMAGES/SHUTTERSTOCK ©

Japonesa. En las vitrinas hay antiguos utensilios y artesanía, tumbas y estilizadas *haniwa* de terracota pertenecientes al período Kofun (300-538 d.C.). El 2º piso acoge exposiciones especiales cuya entrada se paga aparte.

Galería de Tesoros Hōryū-ji

Esta **galería** queda a un lado de la entrada principal al museo y es un tesoro en mayúsculas. En las salas oscuras de su interior hay elaboradas figuritas budistas muy bien iluminadas. La sala con figuras budistas de bronce dorado es, quizá, la más bonita del museo. Todos los objetos proceden del templo Hōryū-ji (en la prefectura de Nara), del s. VII, y entre ellos hay más de una docena de Tesoros Nacionales y 239 Propiedades Culturales Importantes.

Se termina la visita en la Galería Digital de Tesoros Hōryū-ji, donde exposiciones interactivas temporales muestran reproducciones detalladas de arte y objetos del templo histórico en monitores de 8K.

UNA PAUSA

Cerca de la entrada principal al museo hay *food trucks*, así como máquinas de *vending* de bebidas; en la Honkan y la Heiseikan también las hay.

★ IMPRESCINDIBLE

Ameya-yokochō

Ameya-yokochō, o abreviado como "Ameyoko", es una larga calle convertida en uno de los mercados al aire libre más grandes de Tokio, con más de 400 tiendas apiñadas que media entre las estaciones de Ueno y de Okachimachi. Aquí hay tiendas de chollos, restaurantes a pie de calle e infinidad de tentempiés y artículos diversos.

PLANO P. 153 **C6**

CONSEJO
Se recomienda ir a esta calle por la tarde, cuando está más animada, y quedarse para una cena temprana. Algunas tiendas cierran el segundo o tercer miércoles del mes.

Escanea este código QR para ver las tiendas de Ameyoko.

Los orígenes de Ameyoko

Como pasa con algunos *yokochō* de Tokio (callejas llenas de bares e *izakayas*), los orígenes de Ameya-yokochō se remontan al período posterior a la II Guerra Mundial, cuando era un mercado negro de comida en una época de escasez. Se barajan dos hipótesis sobre su nombre: hay quien dice que proviene de las tiendas de dulces que abrieron aquí cuando el azúcar era un artículo de lujo (*ameya* significa "tiendas de dulces"), mientras que otros creen que "Ameyoko" es una abreviación de "Americayokochō", porque muchos de los productos del mercado negro se obtenían, supuestamente, de los soldados estadounidenses durante la ocupación.

Para quien quiera regatear

El regateo prácticamente ha desaparecido en Tokio, salvo aquí. Ameya-yokochō es conocida por sus tiendas de chollos y sus precios bajos, y es el mejor sitio para comprar a buen precio ropa deportiva, chaquetas *bomber* de raso y más tentempiés de los que se pueden llevar. Además, hay algunas tiendas que quizá acepten el regateo si se ha hecho una compra considerable. Dicho esto, se recomienda recorrer todo el *yokochō* antes de decidir qué se va a comprar y dónde.

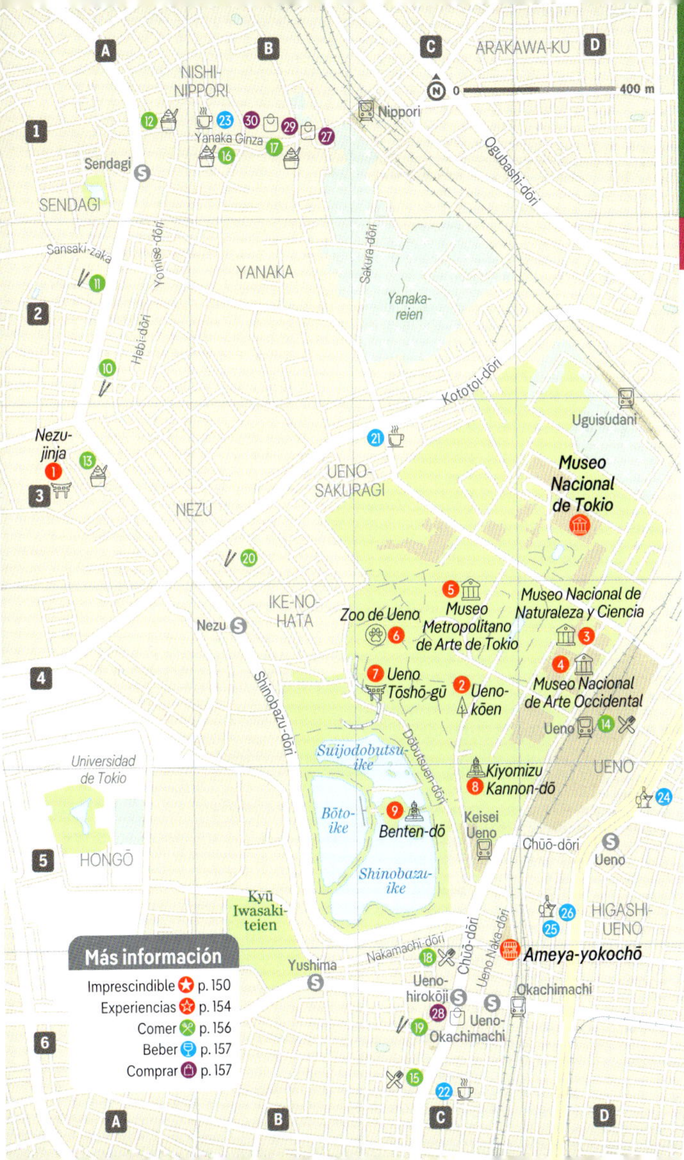

Más información

Imprescindible p. 150
Experiencias p. 154
Comer p. 156
Beber p. 157
Comprar p. 157

EXPERIENCIAS

Caminar bajo las 'torii' en el Nezu-jinja SANTUARIO

PLANO: 1 P. 153 **A3**

El **Nezu-jinja,** de 1706, es uno de los santuarios sintoístas más antiguos de Tokio y el más bonito. Los principales edificios y puertas del santuario presentan tonos dorados y bermellón, como la emblemática y colorida puerta *rōmon,* de dos pisos, que está antes del santuario principal. Casi todas las estructuras han sobrevivido a desastres naturales y a la II Guerra Mundial, permaneciendo intactas desde su construcción en el s. XVIII.

Un segundo santuario, el **Otome Inari-jinja,** está dentro del recinto. La senda a este santuario está señalizada con decenas de pequeñas *torii* (puertas de santuario) por las que se pasa. Completan esta perfección paisajística los miles de arbustos redondos de azaleas que tapizan los jardines de tonalidades blancas, amarillas y magentas en abril.

Ir de museos en el Ueno-kōen MUSEOS

Hay varios museos en el **Ueno-kōen** (PLANO: 2 P. 153 **C4**), aparte del Museo Nacional de Tokio, que invitan a pasar una tarde de ronda tranquila. El **Museo Nacional de Naturaleza y Ciencia** (PLANO: 3 P. 153 **D4**) lo frecuentan quienes van con niños pero también quienes quieren pasar un buen rato. Su exposición permanente muestra fósiles de dinosaurio, animales disecados y plantas endémicas de Japón. No obstante, los fines de semana se puede llenar y la información en inglés resulta algo escasa.

Más cerca de la estación de Ueno está el **Museo Nacional de Arte Occidental** (PLANO: 4 P. 153 **D4**), que exhibe una colección impresionante de pintura occidental desde el s. XVII a principios del s. XX, que incluye piezas de Monet y Renoir. Para arte moderno, hay que ir al **Museo Metropolitano de Arte de Tokio** (PLANO: 5 P. 153 **C4**); la exposición permanente es gratis.

Si se compra un Tokyo Museum Grutto Pass (2500 ¥) se podrá acceder a más de 100 museos y galerías de Tokio, gratis o con un descuento. Muchos museos de arte e historia de la ciudad están incluidos en esta lista, pero también el **Zoo de Ueno** (PLANO: 6 P. 153 **C4**) y algunos parques.

Conocer los santuarios y templos del Ueno-kōen SANTUARIOS Y TEMPLOS

Si solo se tiene tiempo para ver pocos templos y santuarios, en el Ueno-kōen hay algunos de los más famosos y además están muy cerca entre sí. El dorado santuario sintoísta **Ueno Tōshō-gū** (PLANO: 7 P. 153 **C4**), pese a su discreta presencia, es el más grandioso. Construido en 1627 en memoria de Tokugawa Ieyasu, fundador del sogunato Tokugawa, ha sobrevivido a terremotos y guerras, y representa la arquitectura del período Edo en su máxima expresión. La entrada al santuario principal cuesta 500 ¥.

Hay que dar un pequeño paseo por el parque para llegar al **Kiyomizu Kannon-dō** (PLANO: 8 P. 153 **C5**), uno de los templos más antiguos de Tokio, construido a imagen y semejanza del Kiyomizu-dera en Kioto. Este templo budista preside el Shinobazu-ike, cubierto de flores de loto, en cuyo centro está otro importante templo budista, el **Benten-dō** (PLANO: 9 P. 153 **C5**), de tejado circular e inclinado, que se construyó para parecerse al Hōgon-ji, un templo en la isla del descomunal lago Biwa en la prefectura de Shiga. En el puente que va del Ueno-kōen al templo suele haber puestos de comida que aportan un ambiente festivo.

CHOLLOS CARACTERÍSTICOS DE AMEYOKO

Niki no Kashi
Gran tienda de dulces y confitería que vende una abrumadora variedad de productos que son recuerdos perfectos para regalar a amigos y familiares.

Shimura Shōten
Tiendecita de gangas que vende toda suerte de chocolates por bolsas a 1000 ¥. Los dependientes dejan caer los dulces en la bolsa de forma un poco teatral.

London Sports
Tienda de ropa deportiva de marca rebajada. Las gangas valen la pena pero hay que buscar bien.

Vivir las fiestas en el Ueno-kōen

FESTIVALES

El Ueno-kōen y sus muchos espacios verdes crean el entorno perfecto para festivales. Aunque los importantes son en primavera y verano, todo el año se celebran eventos culturales en la plaza Takenodai, al cruzar la calle desde el Museo Nacional de Tokio.

La fiesta más multitudinaria es el **Ueno Sakura Matsuri,** cuando los caminos de los jardines se llenan de farolillos que iluminan por debajo los cerezos en flor a lo largo de Sakura-dōri. En invierno y primavera, durante el **Botan Matsuri,** el jardín de peonías contiguo al Ueno Tōshō-gū florece; vale la pena pagar 1000 ¥ para verlo.

Verano es la estación de los festivales. El **Ueno Natsu Matsuri** trae consigo muchos eventos y espectáculos entre mediados y finales de julio, como danzas tradicionales, actuaciones de ídolos, o lucha libre profesional. Hay también un mercado de antigüedades y demás puestos callejeros cerca del Shinobazu-ike.

SUGERENCIAS

Lo mejor para...

¥ Económico ¥¥ Medio ¥¥¥ Alto

Localizaciones en el plano de la **p. 153**

Comer

Cafés y restaurantes curiosos

Amane Saryō ¥
10 A2
Casa de té japonesa en una antigua residencia renovada en Sendagi. El té se sirve con pastas, y al mediodía tienen *teishoku* (menú). *11.00-18.00 lu, ju y vi, hasta 20.00 sa y do*

Onigiri Cafe Risaku ¥
11 A2
Propone *onigiri* con todo tipo de coberturas, acompañadas por platos sanos y sopa de *miso*. Cerca de la estación de Sendagi. *9.00-20.00 ju-ma*

Capleville Photo Studio & Cafe ¥
12 A1
Pequeño café y en una antigua residencia en Sendagi que sirve saludables platos combinados de delicatesen y postres caseros. En el piso de arriba hay un estudio de fotografía donde los clientes pueden organizar sesiones de fotos. *cerrado lu*

Dulces y postres

Nezu-no-Taiyaki ¥
13 A3
Puesto callejero de barrio que vende *taiyaki* –una 'empanadilla' en forma de *tai* (besugo) y rellena de judía–. A los tokiotas les encantan, con lo que suele haber cola. Hay que ir pronto por si se agotan. *10.00-14.00 lu-sa*

Shiretoko Factory ¥
14 D4
Dónuts demasiado monos para comerlos porque hay un animalito muy lindo que se asoma por el agujero. En el centro comercial Ecute, dentro de la estación de Ueno. Solo para llevar. *8.00-22.00 lu-vi, hasta 21.00 sa y do*

Usagi-ya ¥
15 C6
Conocida tienda centenaria en Ueno que vende *dorayaki* (tortitas rellenas de pasta de judías) y *usagi-manjū* (bollos dulces) en forma de conejito. *9.00-18.00 vi-mi*

Himitsu-dō ¥¥
16 B1
Kakigōri (hielo raspado) es un típico postre de verano, pero los que hacen aquí son tan populares que los venden todo el año. Las colas son largas. *Horario variable*

Cannelé de papin ¥
17 B1
Justo al lado de Yūyake Dandan en Yanaka, esta panadería se especializa en *cannelés* de sabores muy variados, también de chorizo y de queso de cabra. *11.00-19.00 ma-vi, desde 10.00 sa y do*

Carne y fideos

Nagaoka-ya ¥¥
18 C6
Izakaya en Ueno que sirve comida española y jugosas chuletas de cordero a la barbacoa en su comedor. Buena carta de cervezas artesanas. Se recomienda reservar. *12.00-23.00*

Isen Honten ¥
19 C6
Restaurante de Ueno que inventó los *katsu-sando* (sándwiches de chuleta de cerdo con salsa).

También hay menús de *tonkatsu* (chuleta de cerdo empanado). *11.30-20.00 ju-ma*

Kamachiku ¥¥

20 B3

Este establecimiento de *udon* que se especializa en *kama-age udon* (fideos servidos en la olla del cocinero) ocupa un almacén restaurado en Nezu de 1910. Posibilidad de maridajes con sake. *11.30-14.00 y 17.30-20.00 ma-sa*

Beber

Puestos de café y cafeterías

Kayaba Coffee

21 C3

Kissaten (cafetería al estilo japonés) alojado en una evocadora casa histórica de madera en Yanaka. Aunque la casa es más que centenaria, el interior incorpora diseño moderno. *8.00-18.00 ma-sa*

Café Lapin

22 C6

Encantador *kissaten* chapado a la antigua en Ueno que tuesta y vende sus propios granos, y sirve la típica comida de *kissaten*, léase sándwiches y pasteles. *7.00-18.00 lu-sa*

Yanaka Komichi

23 B1

Quiosco de helados y café escondido detrás de un edificio residencial. Hay que buscar la señal en la calle principal de Yanaka Ginza. *12.00-19.00*

Coctelerías y whiskerías

Bar Bookshelff

24 D5

Un bar para letraheridos, llevado por letraheridos. Para hablar de libros mientras se toma una copa de la larga carta de *whiskies* del bar. En Ueno.

Bar Samurai

25 D5

Esta coctelería escondida en Ueno desprende elegancia contemporánea y sofisticación. El bar tiene una amplia carta de *whiskies*.

Cocktail Works Ueno

26 D5

Bonito bar construido para que parezca una cocina urbana, con cócteles de autor que incorporan sabores únicos japoneses como el *shiso*.

Comprar

Tiendas de barrio con encanto

Yanaka Senbei Shinsei-dō

27 B1

En el mostrador de esta tienda de barrio de 1912 se exponen diferentes tipos de *senbei* (*crackers* de arroz), el tentempié perfecto para la tarde.

Ueno Fūgetsu-dō

28 C6

Confitería del período Edo, famosa por sus crujientes sándwiches de gofre rellenos de nata, y sus bizcochos caramelizados.

Nakano-ya

29 B1

Una tienda centenaria en Yanaka que vende *tsukudani* variados (marisco, pescado y algas marinas cocidos a fuego lento en salsa de soja y *mirin*).

Midori-ya

30 B1

Fundada en 1908, esta tienda de artesanía en bambú la lleva la tercera generación de propietarios. Vende palillos hechos a mano, objetos de decoración y demás.

Sugerencias de lugares para comer, beber y comprar en **p. 170**

Explora
Asakusa y el río Sumida

Asakusa mantiene vivas las antiguas tradiciones de Tokio. En casi todo el barrio se respira autenticidad, desde los históricos restaurantes en los alrededores del Sensō-ji –el templo más antiguo y reconocible de Tokio– a los enérgicos corredores de *rickshaw* que transportan a sus pasajeros de un sitio a otro. Aunque es una zona turística, a los tokiotas también les encanta.

Si se va al sur bordeando el río Sumida se llegará a Kuramae, un barrio de artesanos que trabajan en pequeños estudios y talleres y regentan tiendas de artículos hechos a mano. A diferencia de Asakusa, aquí no hay calles comerciales; hay que conseguir un plano y buscar las tiendas diseminadas por la zona.

Cómo desplazarse

Tren
La línea JR Sōbu para en la estación de Ryōgoku, y la línea Tobu, en Asakusa y la Tokyo Skytree.

Metro
Las líneas Ginza y Toei Asakusa van a Asakusa. Las líneas Toei Ōedo y Asakusa pasan por Kuramae, pero paran en dos estaciones diferentes. La línea Hanzōmon va a la estación de Oshiage (Tokyo Skytree).

A pie
Entre Kuramae y Asakusa hay 20 min a pie, un tramo orillando el río Sumida.

El río Sumida y la Tokyo Skytree (p. 165).

★ LO MEJOR

Admirar el templo budista **SENSŌ-JI** (p. 162).

Asistir a un combate de sumo en **RYŌGOKU KOKUGIKAN** (p. 168).

Comprar artesanía en **KURAMAE** (p. 168).

Disfrutar de las vistas desde la **TOKYO SKYTREE** (p. 165).

Comer en plena calle **HOPPY-DŌRI** (p. 161).

CIRCUITO A PIE

Sentir el espíritu de barrio en Asakusa

Hace años a Asakusa se la conocía como Shitamachi, barrios donde vivían y trabajaban los mercaderes y los ciudadanos de a pie. Más allá del Sensō-ji, buena parte del barrio aún conserva este ambiente discreto. Este circuito da la oportunidad de apartarse del camino y explorar la zona por cuenta propia.

INICIO	FINAL	DURACIÓN
Estación de Asakusa	Kaminari Issa	2 km; 2 h

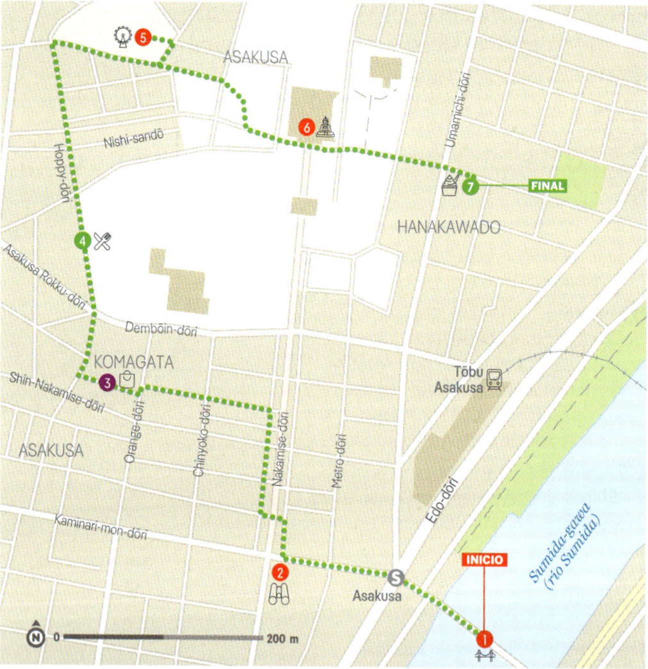

1 Edificios emblemáticos de Asakusa

Se sale de la estación de Asakusa (por la salida 4 o 5) para contemplar las vistas del río Sumida desde **Azuma-bashi.** En la otra orilla hay algunos edificios emblemáticos: la Tokyo Skytree, y el edificio con forma de vaso de cerveza con espuma donde está la sede central del Asahi Group. El edificio coronado con la masa amorfa dorada (oficialmente una llama, pero para los tokiotas, un zurullo) es Asahi Super Dry Hall.

2 Ver el Sensō-ji desde las alturas

Se va al Sensō-ji, pasando por el **Asakusa Culture Tourist Information Centre,** que está delante de la Kaminari-mon, puerta entrada del templo. Se sube en ascensor hasta la azotea para ver el Sensō-ji a un lado y la Tokyo Skytree al otro.

3 Transitar por una animada calle comercial

Se cruza la Kaminari-mon (p. 162) y se disfrutan las vistas y olores de Nakamise-dōri, para luego torcer a la izquierda por la cubierta **Shin-Nakamise Shopping Street.** Aquí hay farmacias, *boutiques*, puestos de comida, tiendas de kimonos de segunda mano y otras especializadas, por ejemplo, en cepillos (con cepillos de dientes de crin de caballo), como Kanaya Brush.

4 Restaurantes informales

En el cruce, hay que girar a la derecha por **Hoppy-dōri,** calle cuyo nombre debe a una bebida económica de poca graduación, similar a la cerveza, flanqueada por informales restaurantes e *izakayas*. Delante de los establecimientos se colocan mesas y taburetes de plástico debajo de coloridos toldos.

5 Parque de atracciones retro

Al final de Hoppy-dōri está el **Hanayashiki,** antiguo jardín convertido en el primer parque de atracciones de Japón, con la montaña rusa más antigua del país. Algunas atracciones y el ambiente que se respira transportan a las décadas de 1960 a 1980. Además, hay una casa encantada con temática de Edo a la que los niños mayores de cinco años pueden entrar solos.

6 La maravilla de Asakusa

Se sigue por Hanayashiki-dōri para entrar al recinto del **Sensō-ji** (p. 162). Cerca de esta entrada hay algunos santuarios pintorescos y templos más pequeños, pero aquí lo que se viene a ver es el Hondō (salón principal). Se puede entrar y acercarse al altar, y quizá extraer un *omikuji* (papelito de la buena fortuna).

7 Un final con un 'matcha'

Como colofón se podría comprar un helado cremoso de *matcha* en **Kaminari Issa,** en la calle de detrás de la puerta Niten-mon.

★ IMPRESCINDIBLE

Sensō-ji

El Sensō-ji (浅草寺), el templo más antiguo de Tokio, es para la capital de Japón lo que el Coliseo es para Roma –es de visita imprescindible–. Este templo budista, construido inicialmente en el s. VII, consagra a Kannon, la diosa de la misericordia (de ahí que también reciba el nombre de Asakusa Kannon-dō).

PLANO P. 166 **D1**

CONSEJO
Esta zona es muy turística y abrirse paso entre la multitud es parte de la diversión. Se aconseja regresar por la noche para ver el templo iluminado.

Escanea este código QR para más información sobre el Sensō-ji, también los eventos anuales.

Cruzar las puertas

La **Kaminari-mon** es la puerta de entrada al templo y lo primero que se ve al acercarse al Sensō-ji. En el centro cuelga un gigantesco *chōchin* (farolillo de papel) rojo, que casi se puede tocar con la mano. Hay que colocarse debajo para ver el dragón minuciosamente labrado en su parte inferior. Las estatuas de dos deidades flanquean la puerta: Fūjin, el dios del viento, y Raijin, el dios del trueno, ambos consagrados como protectores de la puerta (contra los desastres naturales). La puerta principal se construyó en el año 942 d.C. pero se ha reconstruido varias veces (la actual es de 1960).

La calle del mercado

Nakamise-dōri, flanqueada por tiendas y puestos de comida y de recuerdos y baratijas, marca el camino hasta el templo. La calle es indiscutiblemente turística, pero conserva una larga historia como una de las calles comerciales más antiguas de Japón, de finales del s. XVII. No hay visita al Sensō-ji que se precie sin comprar una *senbei* (*cracker* de arroz) o *ningyō-yaki* (pastitas rellenas de pasta dulce de judías) hechas al momento. Tal vez se prefiera esperar para comprar los recuerdos en el último momento porque lo que aquí se vende es todo muy parecido.

NOPPASIN WONGCHUM/SHUTTERSTOCK ©

El salón principal

Al acercarse al **Kannondō,** el salón principal, se notará el incienso. Acto seguido hay que subir las escaleras para entrar a la zona de culto. Quien quiera hacer una donación, debe insertar una moneda en la caja de madera que hay al final de las escaleras, juntar las manos e inclinarse una vez. El Kannon-dō fue construido inicialmente por el tercer sogún (antiguo gobernador militar de Japón), Tokugawa Iemitsu, y fue designado Tesoro Nacional antes de ser destruido por los bombardeos de la II Guerra Mundial (la actual estructura es una reconstrucción de 1958). Hay un altar en el santuario exterior del templo, y la diosa Kannon, a la que el templo debe su nombre, está consagrada en su santuario interior (pero su imagen dentro del templo a veces desata polémica).

UNA PAUSA

Comida y tentempiés no faltan precisamente en Nakamise-dōri. **Ichiban-ya** y **Kimura-ya** han sido pilares del barrio desde finales del s. XIX.

'HATSU-MŌDE'
La primera visita del año a un templo o santuario se llama *hatsu-mōde,* y es una parte importante de las celebraciones del Año Nuevo para muchos tokiotas. En Nochevieja, los fieles se reúnen en el Sensō-ji, donde una campana del templo tañe 108 veces a medianoche para señalar la llegada del nuevo año.

Conocer la fortuna

El día de Año Nuevo, los japoneses acostumbran a extraer un *omikuji* –una forma escrita de conocer la buenaventura– del templo o santuario, aunque cualquier época del año es buena para saber qué depara el futuro. Fuera del Kannon-dō y el salón principal, se verán unos hexagonales recipientes plateados colocados delante de un mueble con muchos cajones minúsculos. Hay que depositar 100 ¥ en la caja de recaudación, agitar un recipiente plateado y darle la vuelta para sacar un palillo por el agujerito. Conviene recordar el carácter escrito en el palillo, devolverlo al recipiente, buscar el cajón con el correspondiente carácter y abrirlo: la fortuna del viajero está dentro. Si la fortuna es buena, uno se lo puede quedar. Pero si no lo es, hay que anudar el trozo de papel en un perchero cercano para alejar la mala fortuna.

Más santuarios y templos

Delante del salón principal hay una **pagoda de cinco pisos;** la primera estructura se construyó en el año 942 junto con la Kaminari-mon original, pero la que hoy se ve es una recreación porque fue destruida durante la II Guerra Mundial. Durante el período Edo estaba considerada una de las pagodas más bonitas de la ciudad, era un importante lugar referencial de Asakusa y aparecía en el arte de la época. El último piso de la torre atesora una Śarīra, una reliquia de los restos de Buda.

En el recinto del Sensō-ji también hay templos y santuarios más pequeños. Algunos, como el modesto Yakushi-dō, que está al cruzar un puentecito, son estructuras del s. XVII.

★ IMPRESCINDIBLE

Tokyo Skytree

Con sus 634 m, la Tokyo Skytree (東京スカイツリー) es la torre más alta de Japón y un símbolo majestuoso de la ciudad. Funciona principalmente como torre de telecomunicaciones y radiodifusión, pero los miradores ofrecen amplias vistas de Tokio y más allá, y hay mucho que hacer por aquí, suficiente para llenar un día entero.

Tokio a vista de pájaro

Hay dos miradores en la Tokyo Skytree: uno a 350 m y el otro a 450. Para subir hay que pagar una entrada, pero las vistas del serpenteante río Sumida atravesando la metrópoli desde tales alturas bien lo vale. Se recomienda subir justo antes del atardecer -mientras aún hay luz para contemplar Tokio en todo su esplendor-, y después ver cómo la ciudad se ilumina mientras el sol se pone por el horizonte. También hay un bar y café.

Diversión en familia

Se puede complementar la subida al mirador con una visita al **Tokyo Solamachi,** el centro comercial adosado. Aparte de tiendas (más de 300, casi todas de marcas japonesas e internacionales de gama media) y restaurantes, en el edificio también están el Sumida Aquarium, el Museo Postal, un planetario y otras muchas atracciones. Pero, si se va mal de tiempo, se podría subir al 4º piso donde están el Pokémon Centre, el Kirby Café, y tiendas de productos exclusivos de Japón y recuerdos molones para llevar a casa, como reproducciones en plástico de comida y cuchillos artesanales.

PLANO P. 166 **F2**

CONSEJO

Comprar una entrada en línea para una hora asignada para evitar las colas. También en línea hay entradas combinadas con un descuento para otras atracciones cercanas.

Escanea este código QR para comprar con antelación las entradas a la Tokyo Skytree.

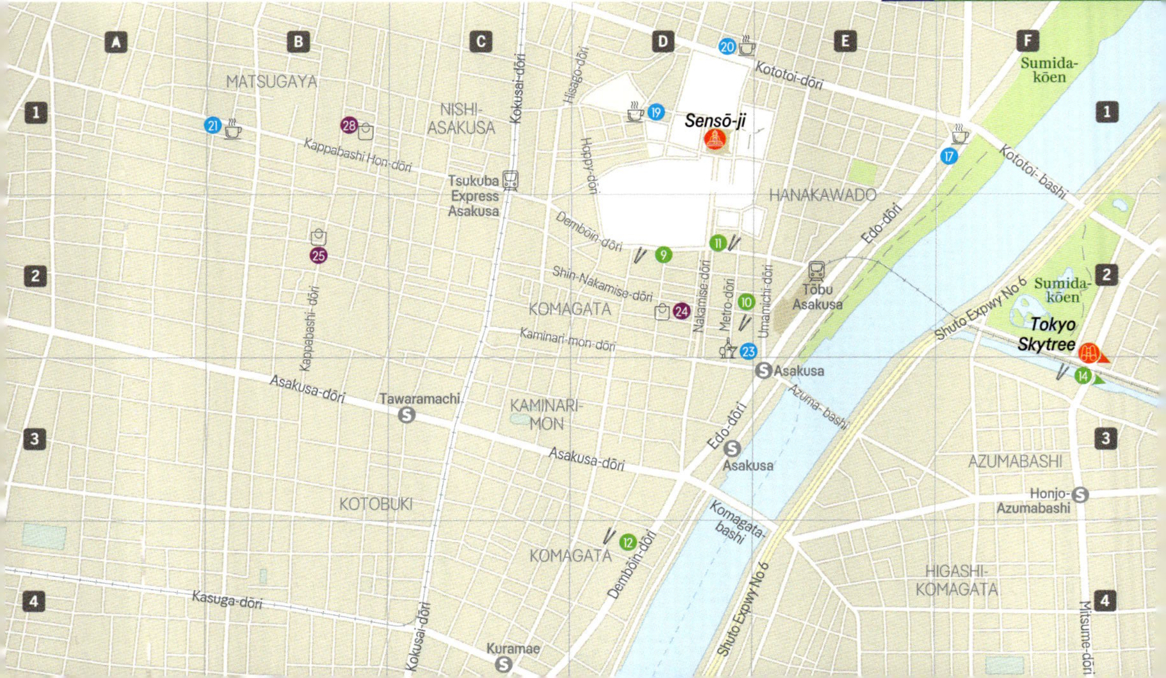
A
B
C
D
E
F
1
2
3
4
MATSUGAYA
NISHI-ASAKUSA
Kokusai-dōri
Hisago-dōri
Kototoi-dōri
Sensō-ji
Sumida-kōen
Kototoi-bashi
Kappabashi Hon-dōri
Tsukuba Express Asakusa
Hoppy-dōri
HANAKAWADO
Edo-dōri
Dembōin-dōri
Shin-Nakamise-dōri
Nakamise-dōri
Metro-dōri
Umamichi-dōri
Tōbu Asakusa
Shuto Expwy No 6
Tokyo Skytree
Kappabashi-dōri
KOMAGATA
Kaminari-mon-dōri
Asakusa
Azuma-bashi
Asakusa-dōri
Tawaramachi
KAMINARI-MON
AZUMABASHI
Honjo-Azumabashi
KOTOBUKI
Komagata-bashi
HIGASHI-KOMAGATA
Kasuga-dōri
Kuramae
Mitsume-dōri
9
10
11
12
14
17
19
20
21
23
24
25
28

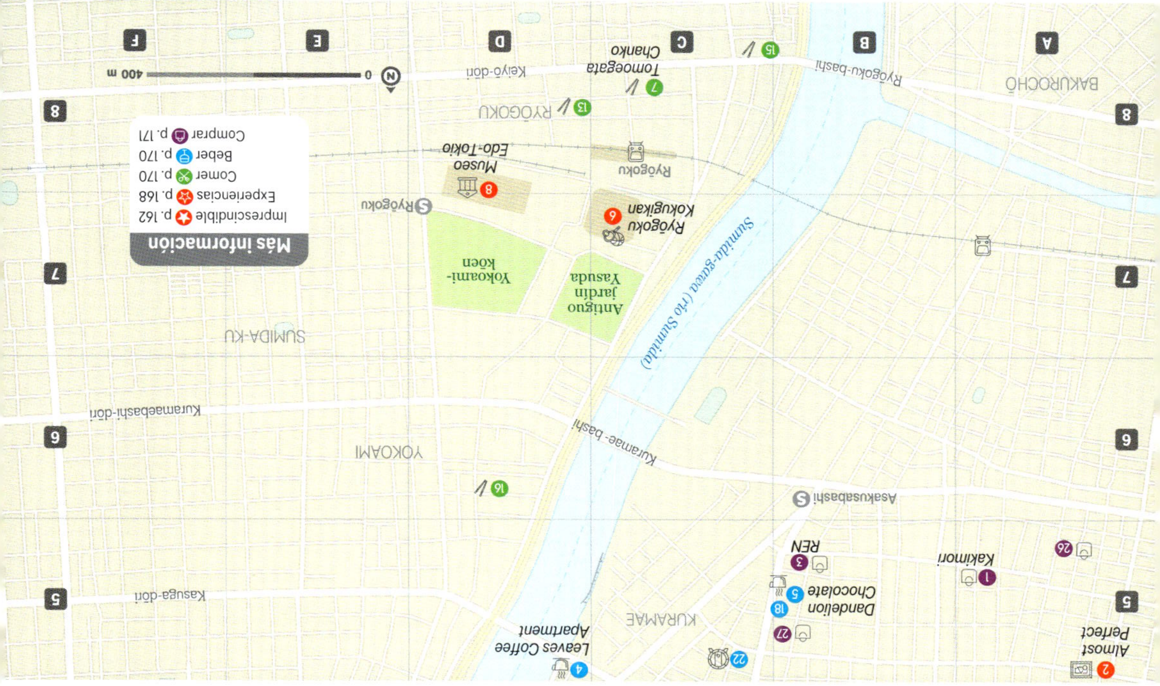
Más información
Imprescindible p. 162
Experiencias p. 168
Comer p. 170
Beber p. 170
Comprar p. 171
0
400 m
Almost Perfect
Kakimori
Dandelion Chocolate
REN
Asakusabashi
Leaves Coffee Apartment
KURAMAE
Kuramae-bashi
Sumida-gawa (río Sumida)
Kasuga-dōri
Kuramaebashi-dōri
YOKOAMI
SUMIDA-KU
Antiguo jardín Yasuda
Yokoami-kōen
Ryōgoku Kokugikan
Museo Edo-Tokio
Ryōgoku
RYŌGOKU
Tomoegata Chanko
Keiyō-dōri
Ryōgoku-bashi
BAKUROCHŌ

EXPERIENCIAS

Comprar artesanía y beber café en Kuramae DE COMPRAS Y CAFÉ

Pese a estar cerca del bullicioso Asakusa, Kuramae es tranquilo, también en fin de semana. En este barrio muchos artesanos tienen sus estudios, y muchas fábricas pequeñas y manufactureros tienen su sede, convirtiéndolo en una especie de ciudad de "creadores". Si se aprecia el buen diseño y los artículos elegantes hechos a mano, seguro que aquí se encontrará algo.

De las tiendas populares destacar **Kakimori** (カキモリ; PLANO: 1 P. 166 **A5**), prestigiosa papelería que vende cuadernos personalizados, artículos minimalistas de papelería y plumas estilográficas. Aquí también tienen planos ilustrados gratuitos del barrio, pero solo están en japonés. El espacio creativo **Almost Perfect** (PLANO: 2 P. 166 **A5**) sí tiene un plano en inglés del barrio, disponible en almostperfect.jp/map. Para bolsos de cuero, sencillos, duraderos y de bonito diseño, hay que ir a **REN** (PLANO: 3 P. 166 **B5**), donde el plástico y el metal se reducen al mínimo en sus diseños. Las tiendas y estudios están bastante desperdigados, así que se recomienda ir con tiempo para encontrarlos y, de paso, explorar la zona. Se puede dar una vuelta por la tarde y después descansar en un café del barrio, como **Leaves Coffee Apartment** (PLANO: 4 P. 166 **D5**) o **Dandelion Chocolate** (PLANO: 5 P. 166 **B5**).

Asistir a un combate de sumo en el Ryōgoku Kokugikan SUMO

PLANO: 6 P. 166 **C7**

A orillas del río Sumida, **Ryōgoku Kokugikan** es el estadio nacional de sumo de Japón. Cada año, durante 15 días de enero, mayo y septiembre, los gigantescos luchadores suben al sagrado *dohyō (ring)* para combatir y así subir de categoría.

Se sabrá que es temporada de torneos cuando se vean las coloridas banderas *(nobori)* izadas en los palos de bambú del exterior del estadio –donde figuran escritos los nombres de los luchadores, con el de sus *sponsors* debajo–. Las entradas se ponen a la venta un mes antes del día del torneo en la web de la Japan Sumo Association (sumo.or.jp/en), con asientos normales en las graderías y butacas en el cuadrilátero por si apetece estar más cerca del *dohyō*. Si se agotaran las entradas en línea, el día del torneo se ponen a la venta 400 entradas generales a las 8.00 en la taquilla del estadio. Son más baratas que en línea, pero hay que ir pronto y ponerse en la cola.

Probar el 'chanko-nabe' en Ryōgoku COMIDA

Los luchadores de sumo, como el resto de atletas, comen alimentos ricos en proteínas y nutrientes, siendo el más conocido el *chanko-nabe*, un *hotpot* que ahora es sinónimo de dieta del sumo. Sin embargo, la palabra *chanko* se refiere simplemente a las comidas que toman los luchadores y no es el nombre del plato en sí, como se suele malinterpretar. De hecho, no hay reglas sobre cómo tiene que ser un *chanko-nabe;* puede ser con base de sal, soja o miso y llevar cualquier ingrediente, aunque los básicos son las albóndigas, la col china y el *udon*.

En Ryōgoku hay restaurantes donde probar el *chanko-nabe*. Algunos, como **Tomoegata Chanko** (PLANO: 7 P. 166 **C8**; p. 170), los llevan antiguos *rikishi* (luchadores de sumo), y eso garantiza su autenticidad. Obviamente son platos bastante grandes que es mejor compartir entre, como mínimo, dos personas. Los días de torneo, la sala de banquetes del estadio sirve *chanko-nabe* por solo 500 ¥ el cuenco.

MUSEO EDO-TOKIO

Al lado del Ryōgoku Kokugikan está el que podría decirse es el mejor museo de historia de Tokio: el **Museo Edo-Tokio** (PLANO: 8 P. 166 **D8**). Este museo repasa la historia de Tokio desde el período Edo hasta hoy y se aconseja a aquellos interesados en conocer más a fondo la ciudad y cómo ha sido moldeada por la historia. En el momento de redactar esta guía estaba cerrado por reformas, pero se preveía su reapertura en el 2025. Mientras tanto, se puede ver una recreación a tamaño real del puente Nihonbashi, además de las numerosas exposiciones y dioramas del museo, en la página web.

Celebrar una fiesta en Asakusa FESTIVALES

De estar en la ciudad durante la época de *matsuri* (festivales), enhorabuena. Muchos de estos festivales, que se celebran varias veces al año, son acontecimientos multitudinarios. Los de Asakusa son unos de los más grandes y extravagantes de Tokio.

El **Setsubun** en el Sensō-ji, que señala el inicio de la primavera un día de febrero, es uno de los mayores acontecimientos de principios de año. Es una costumbre japonesa lanzar judías en este día para alejar a los demonios y la mala suerte; figuras notables e incluso famosos lanzan judías a la gente desde una tribuna. También se puede disfrutar de una danza especial, con artistas disfrazados de los Siete Dioses de la Buena Fortuna.

Otro festival imprescindible es el animado **Sanja Matsuri,** un festival sintoísta dedicado a los fundadores del Sensō-ji que se celebra en el mes de mayo. En él participan voluntarios que portan un *mikoshi* (santuario portátil) por las calles, acompañados por multitudes y mucho cachondeo.

SUGERENCIAS

Lo mejor para...

¥ Económico ¥¥ Medio ¥¥¥ Alto

Localizaciones en el plano de la **p. 166**

Comer

Comidas tradicionales japonesas

Daikokuya Tempura ¥¥
9 D2
Histórico local de tempura cerca del Sensō-ji. Esta se sirve sobre un lecho de arroz y se empapa con una salsa especial del restaurante. Suele haber cola. *11.00-20.00*

Teuchi-soba Tōwada ¥
10 D2
Soba hechos a mano con trigo sarraceno de Tōwada y agua de cueva de Ryūsendō. Cerca de Nakamise-dōri. *11.20-20.00 ma-do*

Ume-to-Hoshi ¥
11 D2
Restaurante especializado en *umeboshi* (ciruela encurtida). La comida *omoto-mikuji* deja en manos de los dioses lo que se va a comer, en función de la cuchara para el arroz que se elija. *9.00-17.00 ma-do*

Komagata Dozeu ¥¥
12 D4
Restaurante con 200 años que se remonta al período Edo. Su plato estrella es el *dojō nabe*, un *hotpot* caldoso con lochas de agua dulce. *11.00-20.30 ma-do*

Hasegawa ¥¥
13 D8
Popular restaurante de Ryōgoku donde sirven gruesas lonchas de *tonkatsu* (chuletas empanadas de cerdo) con arroz esponjoso y col. *11.30-15.00 y 17.00-22.30 lu-vi, desde 11.00 sa y do*

Misojyu Solamachi ¥
14 F3
Mejor evitar las colas del establecimiento original en Asakusa y en su lugar ir a su restaurante en Tokyo Solamachi. Las consistentes sopas de *miso* se acompañan con *onigiri*. *9.00-22.00*

'Hotpot'

Momonjiya ¥¥
15 C8
La 10ª generación de la misma familia lleva este restaurante de Ryōgoku especializado en *hotpot* de jabalí. Basta con fijarse en los jabalíes disecados de la entrada. *17.00-21.00 lu-sa*

Kappou Yoshiba ¥¥
16 D6
Antiguo local de sumo convertido en restaurante –en el comedor aún se conserva un *ring*–. Hay que pedir el *chanko-nabe*, y hay combates cada noche. *17.00-22.00 lu-sa*

Tomoegata Chanko ¥¥
véase 7 C8
Restaurante de *chanko-nabe*, cerca de la estación de Ryōgoku, fundado por el ex *rikishi* Tomoegata. Conviene fijarse en los recuerdos relacionados con el sumo. *11.30-15.00 y 17.00-22.30 lu-vi, 16.30-22.00 sa y do*

Beber

Café y 'matcha'

Hatōya Asakusa
17 F1
Puesto de té que sirve fuertes *matcha* con leche,

y dulces y bebidas que se miden y baten delante del cliente. Se puede comprar para llevar y disfrutarlo a orillas del río Sumida. *11.00-18.00 lu-vi, desde 10.00 sa y do*

Kissa Hangetsu

18 B5

Moderno *kissaten* (cafetería de estilo japonés) en Kuramae con café recién tostado y pasteles deliciosos. El café es de su tostadero que hay al lado. *12.00-18.30*

Sukemasa Coffee

19 D1

Se puede comprar un sándwich relleno de fruta o un *tamago-sando* (sándwich de huevo y mayonesa) para llevar, con la bebida, en esta cafetería delante del parque de atracciones Hanayashiki de Asakusa. *11.00-18.00 mi-lu*

Suzukien

20 D1

Salón de té en Asakusa célebre por su helado de *matcha* que tiene siete niveles de intensidad. El más fuerte es el más oscuro ¡Las colas son largas! *11.00-17.00*

Up to You Coffee

21 B1

Sirve tazas de café que son obras de arte –el *barista* Takehiro Okudaira es campeón del mundo de *latte*–. También tiene tartas y *cannelés*. *10.00-18.00*

Bares

Tokyo Riverside Distillery

22 C5

Lo que parece un quiosco de café de Kuramae es, en realidad, una tienda de ginebras hechas con poso del sake y de otros alcoholes que, de otra manera, se desperdiciarían. Hay una coctelería en el piso de arriba. *13.00-19.00 mi-do*

Kamiya Bar

23 D2

Es el bar de estilo occidental más antiguo de Tokio (abrió en 1880), famoso por su "Denki Bran", una mezcla de brandi, ginebra, vino, curasao y hierbas cuya fórmula es secreta. *11.00-21.00 mi-lu*

Comprar

Artículos para el hogar

Seisuke Knife

24 D2

Gran surtido de coloridos cuchillos de cocina, en Shin-Nakamise Shopping Street cerca del Sensō-ji. El personal habla inglés. *10.30-18.00*

Kappabashi-dōri

25 B2

En las tiendas de esta calle solo venden utensilios de cocina, como baterías de cocina a buen precio o cuchillos. *Horario variable*

SyuRo

26 A5

Tienda de menaje del hogar con piezas de artesanos locales hechas para que duren. *12.00-18.00*

Recuerdos

Nakamura Tea Life Store

27 B5

Vende hojas de té orgánicas proceden tesde la granja del dueño en la prefectura de Shizuoka. También vende té en molones recipientes de hojalata. *12.00-18.00 ma-do*

Ganso Shokuhin Sample-ya

28 B1

Para aprender a hacer las reproducciones de comida falsa que hay en la entrada de muchos restaurantes de Tokio (solo en japonés) o comprar un kit para hacerlas en casa. *10.00-17.30*

Guía práctica

'Ramen'.
ALEXANDER SPATARI/GETTY IMAGES ©

Viajar en familia

Moverse con niños por Tokio puede parecer abrumador. Hay que acostumbrarse a la falta generalizada de espacio, pero, afortunadamente, la seguridad es máxima y hay muchos sitios equipados con salas de lactancia y otras instalaciones.

Comer fuera

Para quienes viajen con niños pequeños, se recomiendan los restaurantes familiares porque tienen precios razonables, espaciosos reservados para grupos pequeños y suelen tener cartas con platos occidentales y japoneses. Y siempre tienen menús infantiles. Royal Host, Denny's y Saizeriya son cadenas populares de Tokio.

Instalaciones

Los centros comerciales y los grandes almacenes tienen salas de lactancia con cambiadores, microondas y asientos. Hay aseos polivalentes con tronas y cambiadores en estaciones y en algunas atracciones turísticas. En restaurantes familiares y algunos restaurantes más grandes tienen tronas –hay que pedir una *"baby chair"*–. En las farmacias venden pañales y otros productos para bebés, aunque las marcas e ingredientes están en japonés.

LOS NIÑOS DE TOKIO

Los niños japoneses en edad escolar son independientes y van y vuelven del colegio solos, sin la compañía de un adulto. Es normal ver a niños pequeños cruzando la calle o viajando solos en tren.

Precios

Los menores de 12 años suelen pagar la mitad en la mayoría de atracciones y en el transporte público; para los menores de 5 años a menudo es gratis.

Lactancia materna

Dar el pecho en público es poco frecuente pues los padres utilizan las salas de lactancia de los centros comerciales.

Cochecitos en el transporte público

Para subir un cochecito a un tren, hay que ir a la parte delantera o trasera de los vagones donde hay más espacio. También hay vagones con más espacio para sillas de ruedas y cochecitos (está señalizado en el suelo de los andenes).

NEW AFRICA/SHUTTERSTOCK ©

Alojamiento

Alojarse en Tokio no es económico, pero por suerte hay opciones para todos los bolsillos.

Si te gusta...

La moda, la noche y las tendencias

Shibuya (p. 81) Para estar cerca de las tiendas más del momento, de muchos restaurantes y de la animada oferta de bares y discotecas. Muy práctico, pero también abarrotado.

Tiendas y restaurantes de calidad superior

Ginza y Tsukiji (p. 53) Ginza, el barrio más lujoso de Tokio, tiene alojamientos de lujo y hoteles-*boutique* muy *cool*. En Tsukiji hay menos hoteles.

Museos y cultura

Ueno y Yanesen (p. 147) Ueno cuenta con múltiples opciones alrededor del parque y de los museos, y está muy bien comunicado en transporte público. En Yanesen hay hostales más pequeños, pero no está tan bien comunicado.

Animación del centro urbano

Asakusa y el río Sumida (p. 159) Zona muy turística, con muchos hoteles y albergues cerca de las atracciones diurnas, bares animados y restaurantes informales. No está tan bien comunicada.

Diseño y arquitectura

Marunouchi y Nihombashi (p. 39) Hoteles de lujo y algunos *ryokan* modernos cerca de edificios interesantes y de centros comerciales de categoría. Bien comunicados por el transporte público.

IMPRESCINDIBLE

Nos encanta

Shinjuku (p. 117) Casi todas las líneas de tren pasan por la estación de Shinjuku, igual que los autobuses que comunican con los aeropuertos y con otras partes del país. Y la oferta hotelera es pletórica, desde hoteles cápsula sencillos a alojamientos de lujo. En este barrio se pueden hacer infinidad de cosas, como ir de compras o salir de fiesta toda la noche.

CUÁNTO CUESTA

Hotel cápsula por persona desde **5000 ¥**

Hotel de negocios desde **10 000 ¥**

Ryokan por persona desde **10 000 ¥**

Comida, bebida y fiesta

Alergias e intolerancias

Si se va a un buen restaurante, probablemente pregunten antes si se tiene alguna alergia o intolerancia. Las cartas en los restaurantes de cadena incluyen notas de posibles alérgenos, pero no todos las tienen. La comida envasada siempre lleva los alérgenos claramente indicados, en japonés.

CÓMO SE DICE

Tengo una alergia *Arerugī ga arimasu*
Frutos secos *Nattsu*
Marisco *Shīfūdo*
Productos lácteos *Nyūseihin*

CÓMO PEDIR...

¿Es sin gluten?
Kore wa guruten-furī desuka?
¿Lleva frutos secos?
Kore niwa nattsu ga haitte-imasu-ka?
¿Puede quitar (ingrediente), por favor?
(Ingrediente) *nuki de, dekimasuka?*

EL TODOPODEROSO 'KONBINI'

Las surtidas tiendas de conveniencia *(konbini)* de Tokio son únicas. Con su vasta oferta de bolas de arroz, té, pollo frito, *ramen* y demás, cada uno puede elegir si quiere comer sano o no. También tienen platos preparados que se pueden calentar en la tienda.

Tamaño de las raciones

En platos como el arroz o el *ramen* se puede elegir el tamaño de la ración. *Ōmori* significa extra, y *namimori*, ración normal. Ciertos restaurantes ofrecen reponer (normalmente fideos o arroz); para pedirlo, hay que decir *"Okawari, onegaishimasu"* (reponga, por favor).

Cómo pagar la cuenta

Las comidas se suelen pagar antes en las máquinas expendedoras, donde se elige y se paga por el plato que apetezca. La máquina imprime un recibo que se entrega al personal del restaurante. Esto es habitual en los restaurantes de *ramen* y en establecimientos económicos como Yoshinoya. Estas máquinas normalmente solo aceptan dinero en efectivo.

En restaurantes de precio medio, cuando sirvan la comida traerán un recibo o cuenta *(denpyō)*. Y antes de irse hay que pasar por el mostrador para pagar.

Si no traen un *denpyō* (en los restaurantes de categoría no lo hacen) se paga en la mesa. Hay que decir *"O-kaikei onegaishimasu"* (la cuenta, por favor).

PRECIOS

Los siguientes precios corresponden a una comida estándar por persona.

¥ menos de 2000 ¥
¥¥ 2000-5000 ¥
¥¥¥ más de 5000 ¥

HORARIOS

Cafés 7.00-23.00
Restaurantes 11.00-22.00, algunos cierran más tarde los fines de semana
Garitos de comida rápida 24 h

Salir

Bares y karaoke

La típica salida nocturna en Tokio comporta unas cervezas y comida en una *izakaya* seguidas de unas copas y karaoke cuando abran los bares, que cierran tarde. En todos los barrios hay muchos bares, *izakayas* y karaokes, pero en Shinjuku y Shibuya están los más populares para pasar la noche.

Discotecas Casi todas están en los barrios de Shibuya y Roppongi. En Roppongi están las más grandes y atraen a más extranjeros, pero los fiesteros más jóvenes prefieren Shibuya.

Cuándo ir Los bares se llenan a partir de las 21.00, y las discotecas, a partir de las 23.00. Quien salga hasta después de las 24.00, tendrá que estar en pie toda la noche hasta que el tren reanude su servicio o tomar un taxi.

Entradas Muchos bares cobran 500-1000 ¥ para entrar. Las discotecas, 1000-4000 ¥, con una consumición incluida.

CUÁNTO CUESTA

'Ramen'
800 ¥

'Gyūdon' (bol de ternera) 600 ¥

'Sushi' por persona
2000 ¥ los económicos, 5000 ¥ los de precio medio, más de 10 000 ¥ los de categoría superior

'Nama-bīru' (cerveza)
600 ¥

Café
500 ¥

'Teishoku' (menú)
1000 ¥

'Onigiri' (bola de arroz)
150 ¥

KILITO CHAN/GETTY IMAGES ©

Comunidad LGTBIQ+

Aunque la discriminación es poco frecuente y la seguridad, alta, las actitudes sociales hacia la comunidad LGTBIQ+ tienden a ser conservadoras fuera de barrios como Shinjuku Nichōme.

Shinjuku Nichōme

Pese a ser una de las ciudades más densas del mundo, el único distrito enfocado al ocio del colectivo LGTBIQ+ es Shinjuku Nichōme, o Nichōme, para abreviar. Aunque ocupa una superficie relativamente pequeña, aquí se concentran muchos locales, que abarcan desde bares informales a discotecas temáticas con intereses o fetiches distintos. Si no se sabe por dónde empezar, se puede pasar por el **Aiiro Cafe** (p. 127), donde tokiotas y residentes extranjeros suelen empezar la noche –con precios de *happy-hour* y camareros que hablan inglés–. El ambiente de Nichōme es cálido y acogedor, y a los tokiotas les encanta conocer a viajeros. Ojo, en algunos bares más pequeños quizá solo admitan a los clientes habituales o nieguen la entrada a personas que no hablan japonés.

IMPRESCINDIBLES

Lo mejor de Nichōme (p. 127)

Goldfinger El bar de lesbianas más conocido de Nichōme. Puede entrar cualquiera, pero los sábados se reservan solo a las mujeres.

Dragon Men Un bar divertido cerca de la entrada a Nichōme con una pista de baile donde suenan temazos de pop.

Arty Farty Discoteca pequeña (y algo cutre) pero popular que se anima mucho los fines de semana.

AiSOTOPE Lounge Discoteca y espacio para eventos con noches temáticas y, a veces, actuaciones.

Datos prácticos

Cada vez hay más aseos sin género, pero aún son pocos. De no encontrar ninguno, se pueden utilizar los aseos polivalentes.

La sociedad japonesa suele evitar las muestras de afecto en público, independientemente del género o sexo.

TOKYO RAINBOW PRIDE

El mayor evento del Orgullo en Japón se celebra durante tres días de finales de abril en el parque Yoyogi. Los miembros del colectivo y amigos celebran la ocasión con pasacalles, actuaciones y mucho más.

PRIDEHOUSE TOKYO LEGACY

Centro de la comunidad que ofrece recursos y un espacio seguro para el colectivo LGTBIQ+. Consultar su página bilingüe de Instagram para noticias y los últimos eventos y encuentros (@pridehousetokyo).

Salud y seguridad

La delincuencia y los robos son muy raros; hay que vigilar con las pequeñas estafas y estar atentos a los desastres naturales.

CALOR EN VERANO

Cada verano, en Japón se puede sufrir un golpe de calor. Las temperaturas superan los 35°C en julio y agosto, sumados a una humedad muy alta. Si se sale a callejear, se recomienda llevar sombrero, quitasol y ropa antisudor, e hidratarse con frecuencia (el agua del grifo es potable).

Terremotos

Tokio sufre temblores periódicos, pero son raros los terremotos de gran magnitud. La mayoría de edificios son a prueba de terremotos y la evacuación raras veces es necesaria. En caso de un seísmo, el viajero debería recibir inmediatamente una alerta en su teléfono. Hay que seguir las instrucciones de evacuación, normalmente hasta un parque, escuela o centro comunitario cercanos. Si se está en un interior, abrir las puertas y refugiarse bajo los muebles. La multilingüe aplicación Safety Tips también es útil.

Cazaclientes

Ignorar a las personas que anuncian *izakayas* o discotecas económicas, sobre todo en Shinjuku y Shibuya. Aunque es ilegal, se sigue haciendo.

Tifones

La temporada de tifones va de julio a octubre, sobre todo septiembre. Con vientos fuertes y lluvias torrenciales, se pueden interrumpir las actividades comerciales y haber inundaciones y retrasos en el transporte público –a veces hasta el día siguiente–. Hay que hacer caso de los avisos y no salir del alojamiento. Información actualizada en Japan Meteorological Agency (jma.go.jp).

ATENCIÓN MÉDICA

En caso de enfermedad o urgencia, llamar a la Japan Visitor Hotline (24 h) al 050-3816-2787 (en inglés). También se recomienda contratar un seguro de viaje que cubra la atención médica.

A TENER EN CUENTA

Privacidad
Tomar fotos de personas en público no está bien visto.

Drogas
La posesión de drogas, incluida la marihuana, es ilegal.

Molestia pública
Ser respetuoso y evitar comportamientos que puedan resultar ofensivos.

Turismo responsable

Seguir estos consejos para dejar menos huella medioambiental, apoyar lo local y tener un impacto positivo en las comunidades.

Viajes de bajo impacto

El efectivo sistema del transporte público de Tokio ayuda a limitar las emisiones de carbono y a suavizar los viajes largos. No obstante, es una ciudad que se puede ver a pie o en bicicleta, sobre todo el centro. No hay más de 20 min a pie de una estación a otra, y se pueden descubrir muchas cosas caminando. La ciudad también cuenta con Docomo Bike Share, el sistema de bicicletas compartidas.

ARRIBA: PAKET/SHUTTERSTOCK ©; DCHA.: LOVELYDAY12/SHUTTERSTOCK ©

IMPRESCINDIBLE

Una comida sostenible

Disfrutar de las exquisiteces saludables en **Sustainable Kitchen Rosy** de Kanda, donde cada ingrediente es ecológico y sostenible, de productores locales. Imprescindible reservar.

Separar la basura

La basura general se divide en dos categorías: la que se puede quemar y la que no. Los residuos orgánicos, los pañales y el plástico sucio son combustibles, pero el plástico limpio no es combustible.

Buenas formas de hidratarse

Hay máquinas expendedoras por toda la ciudad, pero el agua del grifo es potable en Tokio. Se podría llevar una botella rellenable. De preferir agua filtrada, se puede utilizar la aplicación MyMizu para localizar los puntos de relleno. En casi todas las tiendas de moda Muji hay estaciones para rellenar agua.

Recursos

• **zenbird.media** Noticias y artículos sobre iniciativas sostenibles y temas sociales en Japón. • **japanmeetings.org/why-japan/sustainability** De la Japan National Tourism Organisation. • **sustainable.japantimes.com** Las últimas noticias sobre sostenibilidad en Japón.

COMPRAR PRODUCTOS FRESCOS Y DE PROXIMIDAD

La Universidad de las Naciones Unidas en Aoyama acoge el Farmers Market @UNU (p. 110) los fines de semana. Los vendedores de todo el país llevan sus propios productos agrícolas. Es un lugar ideal para probar los mejores productos de temporada, y conocer a los productores.

Comprar artículos de segunda mano

Las tiendas de segunda mano suelen ser locales modernos con artículos seleccionados como los que hay en Kōenji o Harajuku, que son muy populares pero, a menudo, solo tienen ropa de importación a precios prohibitivos. Quien busque prendas de segunda mano tiradas de precio, debería ir a una tienda como **Tanpopo House** (hay una en Ueno).

También se pueden encontrar kimonos de segunda mano, ya sea en tiendas de segunda mano o en tiendas especializadas en kimonos. Aunque algunos pueden ser muy antiguos, la tela de kimonos de primera calidad a menudo se utiliza para confeccionar otras prendas. Se podría mirar en **Miyoshi-ya,** en el piso subterráneo de Nakano Broadway (p. 121).

VOLUNTARIADO

Tokyo River Friends es una iniciativa bilingüe que se ocupa de limpiar ríos donde los voluntarios participan en la recogida de basura en los cauces de Tokio, una o dos veces al mes.

Escanea este código QR para más información.

El cambio climático y los viajes

Es imposible ignorar el impacto de nuestros viajes y la importancia de hacer cambios. Lonely Planet anima a todos los viajeros a involucrarse en su huella de carbono. Muchas webs de líneas aéreas y sitios de reservas ofrecen la opción de compensar el impacto de los gases de efecto invernadero realizando donaciones para iniciativas respetuosas con el clima en todo el mundo.

Hay muchas calculadoras de carbono en línea que permiten estimar las emisiones de carbono generadas por el viaje; escanea el código QR para probar **resurgence.org.**

Accesibilidad

Transporte público

Los usuarios de silla de ruedas pueden subir a los autobuses por una rampa de acceso; el conductor la baja y sube, y después hace sitio para acomodar la silla de ruedas. Algunos vagones de tren tienen espacios reservados para sillas de ruedas y en el andén hay un hueco más pequeño para facilitar el acceso. Si no fuera así, el personal de la estación ayuda a subir y bajar del tren.

Taxis

Los taxis más grandes pueden acomodar pequeñas sillas de ruedas. Son fáciles de localizar, pero si se necesita ayuda, se puede usar la aplicación de taxis GO que permite a los usuarios especificar qué tipo de vehículo necesitan.

LAVABOS POLIVALENTES

En estaciones, grandes almacenes, museos y otras zonas públicas hay aseos polivalentes adaptados a sillas de ruedas. Disponen de pasamanos, timbres de emergencia y lavabo para usuarios de bolsas de ostomía.

Alojamiento

Los alojamientos económicos y los hoteles de lujo suelen tener de una a varias habitaciones adaptadas para clientes con movilidad reducida, pero quizá no las haya en hoteles más viejos o *ryokan*.

IMPRESCINDIBLE

El **Kabuki-za** (p. 56), el teatro de kabuki, hace que el arte escénico más conocido de Japón sea accesible a todo el mundo, con infraestructuras que se adaptan a personas con problemas de visión, audición y movilidad. Hay pasillos anchos y zonas reservadas para sillas de ruedas en el teatro principal, y se alquilan dispositivos de audio y traducción para el espectáculo. La espaciosa planta subterránea tiene recuerdos y artesanía, pero también *bentō* y otras ofertas gastronómicas que crean una experiencia cultural inmersiva y de fácil acceso.

ESTACIONES

Las estaciones de tren suelen ser accesibles y estar equipadas con superficies podotáctiles y ascensores. Antes de subir al tren hay que informar al personal de la estación para que algún empleado le reciba a uno en el destino.

Recursos

- **accessible-japan.com** La guía más completa sobre viaje accesible en Japón, que incluye reseñas, listado de hoteles y circuitos.

Lo esencial

Horario comercial

Los bares, discotecas y restaurantes pueden ampliar su horario los fines de semana, y quizá cierran pronto los domingos. Algunos establecimientos de barrio descansan los miércoles.

Cafés 7.00-22.30

Bares 18.00-3.00 o más tarde

Discotecas 22.00-4.00 o más tarde

Museos 10.00-17.00

Restaurantes 11.00-14.00 y 17.00-23.00

Tiendas 10.00-20.00

Bancos 9.00-15.00 lu-vi

Supermercados 8.00-21.00 o más tarde

A TENER EN CUENTA

Hora local GMT+9

Código de país 81

Emergencias 119

Población
13,9 millones de hab.

ELECTRICIDAD
100V/50Hz

営業中 **(Eigyōchū)**
Abierto

準備中 **(Jyunbichū)**
Cerrado

Fumar

Está prohibido fumar –incluidos el vapeo y los cigarrillos electrónicos– salvo en las zonas de fumadores. Los centros comerciales y algunos cafés y edificios comerciales tienen salas para fumadores. Normalmente, los bares y discotecas permiten fumar en su interior. Si se necesita un cenicero, hay que decir *"Haizara, onegaishimasu"*.

Fiestas oficiales

Algunos comercios quizá cierren más días durante el Obon (13-15 ago) y las fiestas al final del año.

Año Nuevo 1 de enero

Día de la Mayoría de Edad 2° lunes de enero

Día de la Fundación del País 11 de febrero

Cumpleaños del Emperador 23 de febrero

Día de Shōwa 29 de abril

Día de la Constitución 3 de mayo

Día Verde 4 de mayo

Día de los Niños 5 de mayo

Día del Mar 3er lunes de julio

Día de la Montaña 11 de agosto

Día del Respeto a los Ancianos 3er lunes de septiembre

Día de la Salud y los Deportes 2° lunes de octubre

Día de la Cultura 3 de noviembre

Día del Agradecimiento al Trabajo 23 de noviembre

Idioma

Lo básico

Hola
こんにちは
kon·ni·chi·wa

Adiós
さようなら
sa·yō·na·ra

Sí
はい *hai*

No
いいえ *ī·e*

Por favor
ください
ku·da·sai

Gracias
ありがとう
a·ri·ga·tō

Disculpe
すみません
su·mi·ma·sen

Perdón
ごめんなさい
go·men·na·sai

¡Salud!
乾杯!
kan·pai

Frases útiles

¿Cómo está?
お元気ですか?
o·gen·ki desu ka

Bien ¿Y usted?
はい元気です。あなたは?
hai, gen·ki desu a·na·ta wa

¿Habla inglés?
英語が 話せますか?
ē·go ga ha·na·se·masu ka

Quisiera reservar una mesa para (dos).
(2人)の予約をお願いします
(fu·ta·ri) no yo·ya·ku wo o·ne·gai shi·masu

Quisiera (la carta).
(メニュー)をお願いします
(me·nyū) wo o·ne·gai shi·masu

No como (carne roja).
(赤身の肉)は食べません
(a·ka·mi no ni·ku)wa ta·be·ma·sen

Estaba delicioso.
おいしかった
oy·shi·kat·ta

Traiga la cuenta, por favor.
お勘定をください
o·kan·jō wo ku·da·sai

Números

1	一	*i·chi*
2	二	*ni*
3	三	*san*
4	四	*shi/yon*
5	五	*go*

INFORMACIÓN ÚTIL

La pronunciación japonesa no resulta difícil para los hispanohablantes. A diferencia de otros idiomas asiáticos, no es tonal y la mayoría de sus sonidos se pueden encontrar en español. En japonés las vocales pueden ser cortas o largas; las largas tienen una duración equivalente al doble de una corta y en las transcripciones se representan con una línea horizontal encima. En cuanto a las consonantes, la mayoría de sonidos son muy similares a sus equivalentes en español.

Horas y fechas

¿Qué hora es?
何時ですか?　*nan·ji desu ka*

Son las (10) en punto
(10)時です　*(jū)·ji desu*

mañana	朝	*a·sa*
tarde	午後	*go·go*
noche	夕方	*yū·ga·ta*
ayer	きのう	*ki·nō*
hoy	今日	*kyō*
mañana	明日	*a·shi·ta*

Señalización

Entrada	入口	**Peligro**	危険
Salida	出口	**Aseos**	トイレ
Información	インフォメーション	**Hombres**	男
		Mujeres	女

EMERGENCIAS

¡Socorro!
たすけて!　*tasu·ke·te*

¡Váyase!
離れろ!　*ha·na·re·ro*

¡Llame a la policía!
警察を呼んで!
kē·sa·tsu wo yon·de

¡Llame a un médico!
医者を呼んで!
i·sha wo yon·de

Me he perdido.
迷いました
ma·yo·i·mashita

Estoy enfermo.
私は病気です
wa·ta·shi wa byō·ki desu

Me duele aquí.
ここが痛いです。
ko·ko ga i·tai des

¿Dónde están los aseos?
トイレはどこですか?
toi·re wa doko desu ka

6 六 *ro·ku*

7 七 *shi·chi/na·na*

8 八 *ha·chi*

9 九 *ku/kyū*

10 十 *jū*

Índice

Puntos de interés p. 000
Págs. de los planos **p. 000**

Véanse también los subíndices:
Comer p. 189
Beber p. 190
Comprar p. 191

Comer

Beber

Comprar

La opinión del lector

Nos encanta escuchar a los viajeros, ya que con sus comentarios nos ayudan a mejorar nuestros libros. Podéis escribirnos a lonelyplanet.com/contact; leemos todos los mensajes y garantizamos que estos lleguen a los autores.

Nota: Es posible que algunos fragmentos de estos mensajes aparezcan en nuevas ediciones de las guías Lonely Planet, en la web o en productos digitales. Si preferís que vuestro contenido o nombre no sean publicados, por favor, indicadlo claramente. Para obtener una copia de nuestra política de privacidad, podéis visitar lonelyplanet.com/legal.

geoPlaneta
Av. Diagonal 662-664, 08034 Barcelona
www.geoplaneta.com – www.lonelyplanet.es

Lonely Planet Global Limited
Lonely Planet Global Limited, Digital Depot,
The Digital Hub, Dublín D08 TCV4, Irlanda
www.lonelyplanet.com
Contacta con Lonely Planet en: lonelyplanet.com/contact

Tokio de cerca
7ª edición en español – febrero del 2025
Traducción de *Pocket Tokyo*, 10ª edición – octubre del 2024
© Lonely Planet Global Limited
1ª edición en español – enero del 2008

Editorial Planeta, S.A.
Av. Diagonal 662-664, 7º. 08034 Barcelona (España)
Con la autorización para la edición en español de Lonely Planet Global Limited, Digital Depot,
The Digital Hub, Dublín, D08 TCV4, Irlanda

© Textos y mapas: Lonely Planet, 2024
© Fotografías: según se relaciona en cada imagen, 2024
© Edición en español: Editorial Planeta, S.A., 2025
© Por la traducción del texto: Ton Gras, 2025

ISBN: 978-84-08-29557-0
Depósito legal: B. 14.793-2024
Impresión y encuadernación: Estella
Printed in Spain – Impreso en España